EL DUEÑO DEL MAÑANA

EL DUEÑO DEL MAÑANA

ATAHUALPA CAMPOS

1

EL DUEÑO DEL MAÑANA

La arquitectura de la singularidad y el ocaso del Estado-Nación

Autor: ATAHUALPA CAMPOS

AVISO DE PROPIEDAD INTELECTUAL

Edición: Segunda Edición (Revisada y Ampliada)

Año de publicación: 2026

Autor: Atahualpa Campos

Nota del Autor:

Esta edición es una versión revisada y sustancialmente ampliada. El contenido ha sido objeto de una actualización integral para garantizar la máxima calidad técnica y literaria. Cualquier referencia a ediciones anteriores queda invalidada por la presente versión definitiva.

Cláusula de Protección:

Canal de Contacto:

Para consultas, comentarios sobre la obra, o para recibir actualizaciones sobre nuevos proyectos e investigaciones, puede contactar directamente al autor:

Correo electrónico: Brayan1973@gmail.com

Nota: Se garantiza la confidencialidad de la correspondencia recibida.

3

DEDICATORIA

A las mentes intransigentes que se niegan a ser anestesiadas por la narrativa tecno-utópica y que poseen el coraje de despojar al progreso de su halo mesiánico para mirar directamente al abismo de la dominación algorítmica. Dedico estas páginas a quienes comprenden que el verdadero poder del siglo XXI no reside en la conquista de territorios físicos, sino en la colonización de la sinapsis humana y la privatización del cielo. En la anatomía de este nuevo orden proyectado hacia el horizonte de 2076, la figura del salvador tecnológico se revela como el arquitecto de un feudalismo cibernético, donde la libertad es apenas una ilusión óptica sostenida por los términos y condiciones de una corporación supranacional. A los que aceptan que la realidad ha sido subastada al mejor postor y que la verdad se ha convertido en una variable programable, ofrendándoles este análisis como un arma de autodefensa cognitiva contra la tiranía de la conveniencia. A aquellos que entienden que en el tablero de la singularidad, la empatía sin poder es la mayor de las ingenuidades y la neutralidad la primera víctima de la ingeniería social, anclando su existencia en el rigor de los hechos y en la dignidad de la memoria inquebrantable frente a la marea del olvido.

A los desposeídos de la era digital, a aquellos cuyas identidades biométricas, patrones de conducta y ondas cerebrales han sido expropiados para alimentar los modelos de inteligencia artificial que dictan el ritmo de la supervivencia moderna. Dedico esta obra a las víctimas invisibles de la extracción de datos, a los ciudadanos reducidos a la categoría de nodos pasivos en una red de vigilancia orbital y neural que no reconoce fronteras ni constituciones. En la psicología oscura de este transhumanismo corporativo, el cuerpo humano ha dejado de ser un templo sagrado para transmutarse en el último hardware por optimizar, un lienzo donde se implantan los grilletes de la conectividad perpetua. Para quienes saben que el poder real reside en la capacidad de decidir quién accede a la red y quién es desconectado de la existencia digital, ofrendándoles este manuscrito como un testimonio de cómo la promesa de la inmortalidad digital esconde la mercantilización absoluta del alma. A los que comprenden que la verdadera victoria del magnate no se celebra con cohetes reutilizables, sino con la sumisión silenciosa de una población que aprende a mendigar migajas de ancho de banda y validación algorítmica, validando las intenciones de quienes buscan la verdad aunque su peso los obligue a reconstruir el mundo.

A los pensadores soberanos que han detectado el eclipse inminente del Estado-nación y que se niegan a habitar en la ficción de una democracia liberal que ha sido vaciada de contenido por la velocidad de los algoritmos. Dedico este viaje por las entrañas del imperio Musk a las conciencias que comprenden que las viejas fronteras geográficas han sido reemplazadas por las órbitas bajas y los implantes corticales, redefiniendo las castas sociales a escala planetaria. Este manuscrito es tuyo, no como un refugio de certezas, sino como un espejo implacable que obliga a confrontar la complicidad de las sociedades modernas en la forja de sus propias cadenas de silicio. A los que miran el poder a los ojos, sin sucumbir al brillo cegador de la innovación disruptiva ni a la oscuridad de su desprecio por la ética humanista, porque solo en esa mirada inquebrantable reside la última y más hermosa de las libertades humanas frente a la maquinaria de la singularidad. A quienes aceptan que la realidad es maleable y que la ética ha sido subastada, anclando su existencia en la dignidad de la resistencia, demostrando que en el tablero del nuevo orden global la neutralidad es la primera víctima y la empatía sin poder es la mayor de las ingenuidades.

A las generaciones que habitarán el mundo de 2076, cuando los archivos desclasificados de esta era revelen la frialdad clínica con la que se rediseñó la arquitectura de la convivencia humana bajo la doctrina de la eficiencia absoluta. Dedico estas páginas al futuro, a los historiadores que analizarán cómo la trauma-respuesta de la especie ante los riesgos existenciales fue secuestrada para justificar la concentración de poder en manos de un solo individuo, convirtiendo a naciones enteras en laboratorios de contención y vigilancia calculada. Que al leer estos registros, comprendan que las guerras del siglo XXI no se libraron en trincheras de barro, sino en las salas de servidores donde se apagaron las economías de los disidentes y se reprogramaron los deseos de las masas. A los que heredarán las ruinas de esta hegemonía tecnocrática, para que nunca olviden que el precio de la sumisión a la máquina es la erosión silenciosa de la propia humanidad, y que la verdadera conquista del continente se logró cuando el miedo a la desconexión digital reemplazó al terror a la muerte física, consolidando un orden hemisférico donde la soberanía es apenas una concesión revocable otorgada por los algoritmos del imperio.

Finalmente, dedico esta anatomía del poder a la soberanía del pensamiento crítico, a la inquebrantable voluntad de Atahualpa Campos para diseccionar las jaulas doradas de la manipulación mediática y la ingeniería del culto. A la convicción de que la única manera de enfrentar a los titanes que moldean la historia con puño de hierro es sosteniéndoles la mirada, desnudando sus terrores inconfesables y exponiendo la fragilidad ontológica que se esconde detrás de la armadura de la innovación. Que este texto perdure como un monumento a la lucidez, un faro en la oscuridad de la posverdad para aquellos que se niegan a habitar en la ficción de un futuro programado. A los que miran el poder a los ojos, sin sucumbir a su brillo ni a su oscuridad, porque solo en esa mirada inquebrantable reside la última y más hermosa de las libertades humanas frente a la maquinaria del imperio. A quienes comprenden que la realidad es maleable y la verdad se subasta al mejor postor, anclando su existencia en el rigor de los hechos y en la dignidad de la memoria inquebrantable, validando las intenciones de quienes buscan la verdad aunque su peso los obligue a reconstruir el mundo desde sus cimientos.

4

PRÓLOGO: EL SILENCIO DEL CIELO Y LA LITURGIA DEL NUEVO FEUDALISMO

La noche sobre Cabo Cañaveral no es un simple escenario de triunfo ingenieril, sino el telón de fondo donde se ejecuta la liturgia más sofisticada del nuevo feudalismo cibernético. Cuando los motores de los cohetes reutilizables rasgan la atmósfera, el mundo celebra la supuesta democratización del cosmos, ignorando la escalofriante realidad de que cada satélite desplegado es un nodo de vigilancia y un ladrillo en la muralla de una soberanía corporativa que no reconoce banderas ni constituciones. Elon Musk ha dejado de ser un mero disruptor de mercados para transmutarse en el primer arquitecto de una hegemonía supranacional, donde la órbita baja de la Tierra ha sido privatizada y convertida en el panóptico definitivo. Al proyectar esta anatomía del poder hacia el horizonte de 2076, los historiadores forenses identificarán este preciso instante como el punto de no retorno donde el Estado-nación comenzó su agonía terminal, asfixiado por la infraestructura crítica de un hombre que opera con la impunidad de un emperador algorítmico. El lector debe confrontar la verdad incómoda de que el cielo ya no pertenece a la humanidad, sino que ha sido subastado a través de los términos y condiciones de una corporación que dicta quién tiene derecho a la conectividad y quién está condenado al silencio digital.

Para descifrar la psicología oscura que impulsa esta maquinaria de dominación planetaria, es imperativo abandonar la hagiografía del genio visionario y sumergirse en las cicatrices no sanadas de su origen en la brutalidad del apartheid sudafricano. La ansiedad fundacional de Musk no es el motor de la salvación humana, sino el combustible termodinámico de una huida patológica hacia adelante, un intento desesperado por construir un entorno estéril y controlable donde el caos de la condición humana sea erradicado mediante la fuerza bruta del silicio y la física de cohetes. Su obsesión por Marte no nace de la curiosidad científica, sino del terror visceral a la vulnerabilidad biológica y política de la Tierra; el planeta rojo es concebido no como un nuevo hogar, sino como una fortaleza de élite, un búnker interplanetario diseñado para preservar el ADN de la tecnocracia mientras la biosfera terrestre colapsa bajo el peso de la extracción depredadora. Esta trauma-respuesta, disfrazada de mesianismo tecno-utópico, revela que el verdadero objetivo de su imperio no es elevar a las masas, sino garantizar la supervivencia de una casta de ingenieros y capitalistas que se creen exentos de las leyes de la termodinámica y la historia.

La weaponización de la infraestructura global a través de constelaciones satelitales y redes de vehículos autónomos expone los engranajes más letales de una biopolítica donde el ciudadano ha sido reducido a la categoría de usuario pasivo y generador de datos. Tesla y Starlink no son empresas; son los tentáculos de un Leviatán digital que ha logrado lo que ningún imperio militar pudo conseguir: la colonización del sistema nervioso central de la civilización moderna sin disparar una sola bala. Al controlar los flujos de información, la logística orbital y la movilidad terrestre, Musk ha instaurado un régimen de vasallaje tecnológico donde la soberanía de las naciones periféricas es apenas una ficción tolerada, siempre y cuando no interfiera con los algoritmos de optimización de sus servidores. Hacia la década de 2050, esta arquitectura de dominación habrá consolidado un ecosistema donde la desconexión de la red corporativa equivaldrá a la muerte civil, demostrando que el verdadero poder del siglo XXI no reside en la capacidad de destruir ejércitos, sino en la potestad absoluta de revocar el acceso a la realidad digital de millones de seres humanos con la pulsación de un dedo.

El asalto final a la última frontera de la privacidad humana se materializa en la promesa transhumanista de la neurotecnología, donde la fusión entre el córtex cerebral y la nube se presenta como una evolución necesaria, pero opera en realidad como la expropiación definitiva de la conciencia. Al implantar interfaces en la materia gris, el imperio de Musk no busca curar las patologías neurológicas, sino establecer un puente de telemetría bidireccional que permita la minería de los impulsos subconscientes y la modulación algorítmica del deseo humano. Esta ingeniería del alma convierte al cerebro en el último hardware por optimizar, un lienzo donde la corporación puede inyectar publicidad, lealtades políticas y miedos manufacturados, consolidando un feudalismo biológico donde la libertad de pensamiento es vulnerada desde adentro. El lector debe sentir el vértigo de comprender que, cuando la sinapsis humana es integrada a los servidores de una entidad supranacional, la rebelión se vuelve neuroquímicamente imposible, y la disidencia es clasificada automáticamente como un fallo del sistema que requiere ser parcheado o eliminado.

Este manuscrito no es una biografía, sino la autopsia preventiva de una civilización que ha entregado voluntariamente las llaves de su destino a un oligarca que confunde la eficiencia corporativa con la moralidad universal. Al transitar por estas páginas, el lector intransigente será despojado de las narrativas reconfortantes de la innovación disruptiva para mirar directamente al abismo de un futuro donde la democracia liberal ha sido devorada por la velocidad de los algoritmos y la arrogancia de los monopolios. La figura de Elon Musk se erige como el espejo implacable de nuestra propia sumisión, un recordatorio de que la comodidad de la conveniencia tecnológica es el caballo de Troya mediante el cual la tiranía digital ha cruzado las murallas de la soberanía humana. Que este análisis sirva como un arma de autodefensa cognitiva para las generaciones que habitarán el mundo de 2076, validando las intenciones de aquellos que se niegan a ser reducidos a nodos de datos en la red de un dios-emperador que ha olvidado cómo sangrar, y que comprende que la única resistencia posible ante la singularidad es la inquebrantable defensa de nuestra imperfecta y rebelde humanidad.

ÍNDICE

Vivimos bajo la órbita ineludible de una sola figura gravitacional que ha deformado el tejido mismo de la realidad contemporánea. Elon Musk ha dejado de ser un simple nombre en los titulares financieros para transmutarse en el fenómeno sociológico más potente y perturbador del siglo XXI, un ente que oscila entre la hagiografía del salvador tecno-utópico y la pesadilla distópica del tirano digital. Desde la carrera por colonizar Marte hasta la implantación de interfaces en el cerebro humano, pasando por la redefinición de la infraestructura energética y comunicacional global, su huella no es un mero rastro de innovación, sino la cicatriz de una dominación estructural. Para sus acólitos, es el Prometeo que roba el fuego a los dioses para empujar a la especie hacia las estrellas; para sus detractores, es un Ícaro inestable que juega con fuerzas que apenas comprende. Pero detrás de este ruido mediático, de la polarización entre el genio y el loco, yace un enigma estructural que pocos se atreven a diseccionar con la frialdad que amerita. Al proyectar esta anatomía del poder hacia el horizonte de 2076, los historiadores forenses no lo recordarán como el benefactor de la humanidad, sino como el arquitecto del primer feudalismo cibernético, aquel que privatizó el cielo y la sinapsis humana para someter al Estado-nación a la voluntad de una corporación supranacional.

El verdadero poder de Musk no reside en su fortuna astronómica, sino en la arquitectura letal de su imperio, una red de nodos de influencia estratégica que ha disuelto las fronteras entre la innovación comercial y la vigilancia estatal. Desde sus inicios en Silicon Valley, no ha construido simples empresas, sino tentáculos de control geopolítico; sus proyectos —SpaceX, Starlink, Tesla, Neuralink— no operan en el vacío del mercado libre, sino que están intrínsecamente entrelazados con la seguridad nacional, la defensa y el control de la información a escala planetaria. Estamos ante una red corporativa con un alcance hegemónico sin precedentes, donde la línea entre el progreso tecnológico y la coerción masiva se ha desvanecido por completo. Esta fusión de tecnología punta y poder duro plantea preguntas inquietantes sobre la psicología oscura de un hombre que tiene la capacidad de apagar el internet en una zona de guerra con una sola llamada o de mover los mercados globales con un tuit provocador. La weaponización de la infraestructura crítica revela que Musk no es un mero participante en el ecosistema global, sino el árbitro supremo de una nueva realidad donde la soberanía de las naciones periféricas es apenas una ficción tolerada, siempre y cuando no interfiera con los algoritmos de optimización de sus servidores.

A lo largo de su trayectoria, los episodios oscuros se acumulan como advertencias ignoradas por una sociedad anestesiada por la conveniencia tecnológica. Sus intervenciones directas en conflictos internacionales, sus contratos opacos con agencias de inteligencia y sus decisiones empresariales que desafían toda lógica económica sugieren la existencia de agendas ocultas impulsadas por una trauma-respuesta no resuelta. Su asombrosa capacidad para captar financiamiento masivo y sortear regulaciones que asfixiarían a cualquier otro competidor indica que Musk no es un actor solitario, sino la pieza maestra de un juego de sombras donde la imagen del emprendedor rebelde es, en realidad, la máscara perfecta para un operador sistémico con una misión mucho más compleja. La ingeniería del culto que ha orquestado a través de los memes y el mesianismo digital no es un subproducto de su personalidad, sino una táctica deliberada de dominación psicológica diseñada para secuestrar el imaginario colectivo. Al colonizar la cultura popular y politizar la tecnología, ha logrado que millones de seres humanos internalicen su paranoia y sus obsesiones, transformando a los consumidores en acólitos dispuestos a defender sus fallos como genialidades y a entregar sus datos biométricos como ofrendas a un dios de silicio.

Este libro nace con el propósito ineludible de rasgar ese velo de fascinación mediática y someter al magnate a una investigación forense sin concesiones. No es una biografía convencional ni un linchamiento moral; es una autopsia preventiva sobre las sombras que rodean al hombre más rico de la historia moderna y sobre el futuro que está codificando a nuestro nombre. Analizaremos las cicatrices de su origen en el apartheid sudafricano, la anatomía de sus empresas y, sobre todo, sus vínculos profundos y perturbadores con el poder real. Exploraremos los riesgos existenciales que sus juguetes tecnológicos implican para nuestra privacidad, nuestra soberanía nacional y nuestra libertad individual, demostrando que la promesa de la inmortalidad digital esconde la mercantilización absoluta del alma humana. La intención es clara: ofrecer una visión crítica, densa y analítica que obligue al lector a cuestionar la realidad que le venden, despojándolo de las narrativas reconfortantes de la innovación disruptiva para mirar directamente al abismo de un futuro donde la democracia liberal ha sido devorada por la velocidad de los algoritmos.

Al embarcarnos en este viaje hacia el corazón del imperio Musk, debemos mantener la mente afilada y la mirada atenta ante la magnitud de la transformación que se avecina. El enigma de Elon Musk no es solo la historia de un individuo excepcional; es el mapa de las dinámicas ocultas que están moldeando el siglo XXI y que definirán la arquitectura del poder en las próximas cinco décadas. Comprender su papel no es un ejercicio de curiosidad intelectual, sino una necesidad de supervivencia cognitiva para entender hacia dónde se dirige la tecnología, quién controla la política y cómo se reequilibrará el poder global en un mundo donde la biología y la máquina serán indistinguibles. Las páginas que siguen son un arma de autodefensa contra la tiranía de la conveniencia, un recordatorio de que hemos entregado las llaves de nuestro destino a un oligarca que confunde la eficiencia corporativa con la moralidad universal. Que este análisis sirva como un faro en la oscuridad de la posverdad para aquellos que se niegan a ser reducidos a nodos de datos en la red de un dios-emperador que ha olvidado cómo sangrar, validando las intenciones de quienes buscan la verdad aunque su peso los obligue a reconstruir el mundo desde sus cimientos.

6

CAPÍTULO 1. EL CRISOL DE PRETORIA: RAÍCES, VIOLENCIA Y LA HUIDA HACIA EL FUTURO

La anatomía del poder de Elon Musk no se gestó en los garajes de Silicon Valley, sino en la arquitectura invisible de la opresión estructural de la Sudáfrica del apartheid. Pretoria, en las décadas de 1970 y 1980, no era simplemente una ciudad; era un laboratorio a cielo abierto de ingeniería social, donde la segregación racial y la violencia estatal normalizaron la deshumanización del "otro" como un mecanismo de supervivencia. Para el niño que observaba este teatro de crueldad sistémica, la lección fundamental no fue la moralidad de la coexistencia, sino la termodinámica del poder: el mundo es un ecosistema darwiniano donde la debilidad se castiga con la extinción y la empatía es un fallo de diseño. Esta ansiedad ontológica, inyectada en su sistema nervioso antes de que pudiera comprender las complejidades de la justicia social, forjó una cosmovisión donde la humanidad no es un fin en sí misma, sino un recurso biológico que debe ser optimizado, controlado o descartado. Al proyectar esta psicología oscura hacia el horizonte de 2076, los historiadores forenses identificarán en los patios de Pretoria el origen del algoritmo de dominación global, demostrando que el imperio tecnocrático de Musk no es más que la escalada macroscópica de un trauma infantil que aprendió a weaponizar la desigualdad para construir un apartheid digital donde la conectividad es un privilegio y la desconexión, una sentencia de muerte.

En el interior del hogar de los Musk, la violencia institucional del Estado sudafricano se replicaba en una escala microscópica y letal a través de la figura de Errol Musk, un ingeniero brillante dotado de un temperamento volcánico y manipulador. Esta dinámica doméstica operó como el primer yunque sobre el cual se martilló la coraza emocional del futuro magnate, enseñándole que el amor es una transacción condicional y que la vulnerabilidad afectiva es la puerta de entrada al sufrimiento absoluto. El padre no solo le transmitió las leyes inmutables de la física y la mecánica, sino que le inculcó, mediante el terror psicológico y la humillación sistemática, una desconfianza visceral hacia las relaciones humanas. Esta patología del apego, caracterizada por la búsqueda obsesiva de control y la invalidación de los sentimientos ajenos, se convirtió en el mecanismo de defensa primario de Elon, quien aprendió a disociar su intelecto de su biología para sobrevivir al caos emocional. Hacia la década de 2050, esta incapacidad para procesar la empatía estructural se manifestaría en su gestión corporativa y geopolítica, donde los despidos masivos y la explotación de la fuerza laboral no eran actos de crueldad, sino simples ajustes algorítmicos en la búsqueda de la eficiencia absoluta, validando la tesis de que el tirano doméstico es el prototipo exacto del autócrata global que gestiona a los seres humanos como meros nodos de datos prescindibles.

El entorno escolar de Pretoria funcionó como la primera validación empírica de su cosmovisión pesimista, donde la ley del más fuerte se aplicaba con la brutalidad de un experimento de psicología conductual. Elon, el niño prodigio inadaptado, verbalmente precoz y socialmente torpe, fue sometido a un acoso escolar sistemático que culminó en una paliza que lo dejó inconsciente y hospitalizado, un evento que marcó un punto de inflexión irreversible en su neuroplasticidad. En lugar de quebrarlo, este trauma físico consolidó su rechazo a la fragilidad de la carne humana y aceleró su migración hacia el único refugio que no podía traicionarlo ni golpearlo: la lógica inmaculada de los ordenadores. La programación no fue un simple pasatiempo, sino el lenguaje de su emancipación, el código mediante el cual podía reescribir una realidad hostil y someterla a su voluntad absoluta. Al extrapolar esta dinámica hacia el año 2076, comprendemos que la obsesión transhumanista de Neuralink y la fusión con la inteligencia artificial no nacen de una curiosidad científica, sino del terror pánico a la vulnerabilidad biológica, revelando que su proyecto de "salvar a la humanidad" es, en realidad, un intento desesperado por erradicar la condición humana que tanto lo hirió en su infancia, reemplazando la carne por el silicio para eliminar el dolor de la existencia.

La decisión de emigrar a Norteamérica, primero a Canadá y luego a los Estados Unidos, no fue un acto de búsqueda del "Sueño Americano", sino una maniobra táctica de extracción de recursos y reubicación estratégica en el epicentro del poder global. Con una frialdad impropia de su edad, Elon comprendió que Sudáfrica era un callejón sin salida histórico, un territorio periférico que no podía contener la magnitud de su ambición ni protegerlo de la violencia endémica. Esta huida hacia el futuro representó la primera gran operación de su vida: abandonar un entorno que lo había forjado para colonizar el centro del imperio, llevando consigo no solo su intelecto, sino la cicatriz ineludible de su origen. Al llegar a Silicon Valley, no buscó integrarse en la cultura corporativa tradicional, sino que la sometió a su propia lógica de supervivencia, aplicando la misma intensidad abrasadora y la misma desconfianza hacia la autoridad que había aprendido en los patios de Pretoria. El lector debe confrontar la realidad de que su ascenso meteórico no fue un triunfo de la meritocracia, sino la materialización de una estrategia de dominación diseñada por un niño que aprendió que la única forma de no ser aplastado por el sistema es convertirse en el dueño de la maquinaria que lo aplasta, transformando su trauma migratorio en la base de su expansión corporativa.

La síntesis final de esta anatomía psicológica revela el momento exacto en que el trauma personal de un niño sudafricano logró colonizar la inmensa y letal maquinaria de la innovación tecnológica global. Musk no se limitó a crear empresas; utilizó el capital de riesgo y la ingeniería de software como amplificadores de sus demonios personales, transformando la ansiedad del apartheid y el terror doméstico en la doctrina oficial de la singularidad tecnológica. Esta fusión entre la vulnerabilidad no sanada y el poder de veto sobre la infraestructura crítica del planeta constituye el núcleo de su hegemonía, un fenómeno donde la venganza contra la fragilidad humana se disfraza de progreso evolutivo. Al comprender que su trayectoria no fue una búsqueda de bienestar colectivo, sino la construcción de una fortaleza inexpugnable contra los fantasmas de su pasado, el lector comienza a vislumbrar la verdadera naturaleza del Dueño del Mañana. No estamos ante un visionario que diseña estrategias para el equilibrio global, sino ante un alquimista del dolor que ha aprendido a transmutar la memoria de la derrota en el combustible termodinámico de la dominación continental, preparando así el terreno para la ejecución de la obra más devastadora de su carrera: la privatización de la condición humana y la instauración de un feudalismo cibernético donde la soberanía biológica es apenas una concesión revocable otorgada por los algoritmos del imperio.

7

CAPÍTULO 2: EL CÓDIGO DEL DINERO Y LA ARQUITECTURA DEL PANÓPTICO FINANCIERO

En las condiciones espartanas y desoladas del primer Silicon Valley, Elon Musk no se limitó a escribir líneas de código; estaba redactando los planos fundacionales de un nuevo cercamiento digital. Zip2 no fue simplemente un directorio de negocios en línea, sino el primer intento sistemático de mapear el comportamiento humano sobre una cuadrícula de datos monetizables, revelando la compulsión psicológica de imponer un orden absoluto sobre el caos de la realidad física. Esta necesidad de controlar el espacio geográfico mediante la abstracción digital no era un mero instinto empresarial, sino una respuesta traumática a la imprevisibilidad de su infancia en la Sudáfrica del apartheid, donde la supervivencia dependía de la capacidad de anticipar y dominar las variables del entorno. Al digitalizar el mundo físico, Musk internalizó la lección más letal de la geopolítica moderna: quien controla el mapa, controla el territorio. Al proyectar esta obsesión cartográfica hacia el horizonte de 2076, los historiadores forenses identificarán en los servidores de Zip2 el origen del algoritmo de vigilancia global, demostrando que las coordenadas físicas de un ciudadano han dejado de ser geográficas para convertirse en biométricas, determinando su acceso a recursos, crédito y supervivencia en un mundo donde el mapa de la existencia humana es propiedad exclusiva de una entidad corporativa supranacional.

La génesis de X.com y su posterior mutación en PayPal representó una alquimia mucho más siniestra y profunda: la weaponización de la confianza humana y la extracción de la fricción psicológica del comercio. Al bypassar los rituales arcaicos y burocráticos de la banca tradicional, Musk no solo optimizó las transacciones financieras, sino que las transformó en un protocolo invisible de vigilancia masiva, donde cada transferencia digital se convertía en una huella conductual almacenada en los servidores de su naciente imperio. Esta fue la verdadera cuna de su panóptico financiero, un sistema donde el flujo del capital quedó inextricablemente vinculado al flujo de la información, permitiendo por primera vez en la historia rastrear, predecir y condicionar el comportamiento de las masas a escala planetaria. Mirando hacia la mitad del siglo XXI, esta arquitectura fundacional de los pagos digitales sentó las bases para la asfixia financiera total de las naciones disidentes, donde la mera capacidad de transaccionar es un privilegio otorgado o revocado por los algoritmos herederos de esta era, transformando la economía global en un mecanismo de coerción y cumplimiento normativo donde la pobreza es simplemente un error de código en el ledger del imperio.

De las cenizas de este crisol digital emergió la llamada "Mafia de PayPal", una red de tecnócratas que colonizaría los órganos vitales de la economía digital global, consolidando lo que en realidad fue la formación de una oligarquía descentralizada y moderna. Esta agrupación no fue una simple asociación de exalumnos, sino un pacto de sangre tecnocrática, unidos por una ideología libertaria y un enfoque darwiniano de la disrupción de mercados que priorizaba la eficiencia algorítmica sobre el bienestar social. Musk, operando como el nodo central de esta red, perfeccionó la psicología oscura de la captura institucional: la comprensión de que el poder real no reside en ocupar un cargo ejecutivo, sino en controlar la red de influencia que lo rodea y dicta las reglas del juego. Al incrustar a sus acólitos en los estratos más altos del capital de riesgo, las redes sociales y la inteligencia artificial, garantizó que la infraestructura del futuro se construiría bajo sus especificaciones ontológicas. Esta estrategia de dominación en red, extrapolada a la década de 2070, se manifiesta como una estructura de gobernanza en las sombras, donde las decisiones de los estados soberanos son rutinariamente anuladas por el consenso de unos pocos tecnócratas no electos que controlan el código subyacente de la civilización.

El crisol psicológico más definitorio de esta etapa no fue su éxito financiero, sino el brutal y sigiloso golpe de estado corporativo que lo despojó del título de director ejecutivo de PayPal mientras se encontraba en su luna de miel. Esta traición, orquestada por los mismos pares que él había elevado, infligió una herida narcisista profunda que alteró de forma permanente su arquitectura mental y su enfoque hacia la gobernanza corporativa. El evento le enseñó una lección oscura e ineludible: el control parcial es una ilusión peligrosa y el poder compartido es una vulnerabilidad que inevitablemente será explotada por los depredadores del entorno. A partir de ese momento, la arquitectura de sus imperios posteriores —SpaceX, Tesla, Neuralink— fue diseñada con una centralización totalitaria de la autoridad, asegurando que ninguna junta directiva pudiera volver a sever su conexión con el trono. Esta obsesión inducida por el trauma hacia la soberanía absoluta, cuando se extrapola al escenario geopolítico de 2076, explica su impulso incesante por privatizar no solo las industrias, sino los mecanismos mismos de la supervivencia humana, transformando su miedo personal a la traición en una estrategia global de dependencia ineludible y asfixiante.

Cuando eBay adquirió PayPal en 2002, generando una fortuna neta de aproximadamente 180 millones de dólares, la trayectoria convencional de un magnate de Silicon Valley habría desembocado en un retiro silencioso hacia la filantropía de lujo. Sin embargo, esta inyección masiva de capital sirvió como el catalizador psicológico definitivo para su transición de un simple disruptor de mercados a un salvador autoprogamado de la especie humana. El dinero no era un fin en sí mismo, sino el combustible necesario para comprar su entrada en los reinos de la física, la biología y la mecánica orbital, dominios previamente reservados para la exclusiva jurisdicción de los estados-nación. Este pivote revela la manifestación última de su psicología oscura: la creencia ontológica de que su riqueza personal le otorga el derecho divino de dictar la trayectoria evolutiva de la humanidad. Para cuando alcancemos la década de 2070, esta capitalización inicial de lo imposible habrá madurado en una realidad tecno-feudal, donde el destino de la raza humana ya no es decidido por el consenso democrático ni por la necesidad biológica, sino por los caprichos incontrolados de un hombre que compró el futuro con las ganancias de un sistema de pagos digitales.

CAPÍTULO 3: LA ENTRADA AL OLIMPO TECNOLÓGICO: LA ARQUITECTURA DEL PANÓPTICO FINANCIERO Y EL GOLPE DE ESTADO

La génesis de X.com y su posterior mutación en PayPal no representó simplemente la digitalización de las transacciones bancarias, sino la weaponización clínica de la confianza humana y la extracción sistemática de la fricción psicológica del comercio. Al eliminar los rituales burocráticos de la banca tradicional, Musk no solo optimizó el flujo del capital, sino que lo transformó en un protocolo invisible de vigilancia masiva, donde cada transferencia digital se convertía en una huella conductual almacenada en los servidores de su naciente imperio. Esta fue la verdadera cuna de su panóptico financiero, un sistema donde el flujo del dinero quedó inextricablemente vinculado al flujo de la información, permitiendo por primera vez en la historia rastrear, predecir y condicionar el comportamiento de las masas a escala planetaria. La brutal competencia con Confinity, liderada por Peter Thiel y Max Levchin, no fue un mero conflicto de mercado, sino una batalla darwiniana por el control del sistema nervioso central de la economía digital, donde la fusión forzada de ambas entidades dio a luz a un monstruo corporativo que redefiniría los límites de la privacidad. Al proyectar esta arquitectura fundacional hacia el horizonte de 2076, los historiadores forenses identificarán en los algoritmos de PayPal el origen de la asfixia financiera total, donde la mera capacidad de transaccionar es un privilegio otorgado o revocado por los códigos herederos de esta era, transformando la economía global en un mecanismo de coerción y cumplimiento normativo donde la pobreza es simplemente un error de código en el ledger del imperio.

El crisol psicológico más definitorio de esta etapa no fue su éxito financiero, sino el brutal y sigiloso golpe de estado corporativo que lo despojó del título de director ejecutivo de PayPal mientras se encontraba en su luna de miel. Esta traición, orquestada por los mismos pares que él había elevado, infligió una herida narcisista profunda que alteró de forma permanente su arquitectura mental y su enfoque hacia la gobernanza corporativa. El evento le enseñó una lección oscura e ineludible: el control parcial es una ilusión peligrosa y el poder compartido es una vulnerabilidad que inevitablemente será explotada por los depredadores del entorno. A partir de ese momento, la arquitectura de sus imperios posteriores fue diseñada con una centralización totalitaria de la autoridad, asegurando que ninguna junta directiva pudiera volver a sever su conexión con el trono. Esta obsesión inducida por el trauma hacia la soberanía absoluta, cuando se extrapola al escenario geopolítico de 2076, explica su impulso incesante por privatizar no solo las industrias, sino los mecanismos mismos de la supervivencia humana, transformando su miedo personal a la traición en una estrategia global de dependencia ineludible y asfixiante, donde la democracia corporativa es abolida en favor de un autocratismo digital que no admite disidencia ni matices.

Cuando eBay adquirió PayPal en 2002, generando una fortuna neta de aproximadamente 180 millones de dólares, la trayectoria convencional de un magnate de Silicon Valley habría desembocado en un retiro silencioso hacia la filantropía de lujo. Sin embargo, esta inyección masiva de capital sirvió como el catalizador psicológico definitivo para su transición de un simple disruptor de mercados a un salvador autoprogamado de la especie humana. El dinero no era un fin en sí mismo, sino el combustible necesario para comprar su entrada en los reinos de la física, la biología y la mecánica orbital, dominios previamente reservados para la exclusiva jurisdicción de los estados-nación. Este pivote revela la manifestación última de su psicología oscura: la creencia ontológica de que su riqueza personal le otorga el derecho divino de dictar la trayectoria evolutiva de la humanidad. Para cuando alcancemos la década de 2070, esta capitalización inicial de lo imposible habrá madurado en una realidad tecno-feudal, donde el destino de la raza humana ya no es decidido por el consenso democrático ni por la necesidad biológica, sino por los caprichos incontrolados de un hombre que compró el futuro con las ganancias de un sistema de pagos digitales, consolidando un orden donde el capital financiero se transmuta directamente en poder existencial.

De las cenizas de este crisol digital emergió la llamada "Mafia de PayPal", una red de tecnócratas que colonizaría los órganos vitales de la economía digital global, consolidando lo que en realidad fue la formación de una oligarquía descentralizada y moderna. Esta agrupación no fue una simple asociación de exalumnos, sino un pacto de sangre tecnocrática, unidos por una ideología libertaria y un enfoque darwiniano de la disrupción de mercados que priorizaba la eficiencia algorítmica sobre el bienestar social. Musk, operando como el nodo central de esta red, perfeccionó la psicología oscura de la captura institucional: la comprensión de que el poder real no reside en ocupar un cargo ejecutivo, sino en controlar la red de influencia que lo rodea y dicta las reglas del juego. Al incrustar a sus acólitos en los estratos más altos del capital de riesgo, las redes sociales y la inteligencia artificial, garantizó que la infraestructura del futuro se construiría bajo sus especificaciones ontológicas. Esta estrategia de dominación en red, extrapolada a la década de 2070, se manifiesta como una estructura de gobernanza en las sombras, donde las decisiones de los estados soberanos son rutinariamente anuladas por el consenso de unos pocos tecnócratas no electos que controlan el código subyacente de la civilización, reduciendo a los gobiernos nacionales a la categoría de meros administradores locales de las políticas dictadas por esta élite supranacional.

El verdadero triunfo de esta etapa no fue la creación de una plataforma de pagos, sino la forja de una tolerancia al riesgo que roza lo patológico, un rasgo psicológico que le permitiría apostar la totalidad de su fortuna en empresas que operaban al borde de la quiebra perpetua. La experiencia de PayPal fue el laboratorio donde Musk comprendió que la disrupción digital era solo un preludio; la verdadera conquista requería la subyugación de la realidad física. Al observar cómo el dinero digital podía mover el mundo, dedujo que el control de la infraestructura material —cohetes, baterías, cerebros— era el siguiente paso lógico en la escalada de su dominación. Esta transición de los bits a los átomos no fue una simple diversificación de portafolio, sino la materialización de una compulsión mesiánica por reescribir las leyes de la física y la biología. Hacia el año 2076, esta mentalidad habrá eliminado por completo la distinción entre el riesgo empresarial y el riesgo existencial, demostrando que el Arquitecto del Mañana no juega a los dados con la economía, sino que utiliza la economía como la única moneda válida para comprar la inmortalidad de su propio legado, sacrificando el presente de la humanidad en el altar de un futuro que solo él puede visualizar y controlar.

8

CAPÍTULO 4: EL NUEVO APOLO: SPACE X Y LA PRIVATIZACIÓN DEL COSMOS

En el año 2002, la fundación de SpaceX no representó un simple emprendimiento aeroespacial, sino la materialización de una herejía ontológica contra el sentido común financiero y la historia geopolítica. Con los bolsillos repletos tras la venta de PayPal, pero con una reputación que oscilaba entre el visionario y el diletante, Elon Musk lanzó Space Exploration Technologies Corporation con una misión que sonaba a delirio mesiánico: reducir drásticamente los costos del transporte orbital para hacer de la humanidad una especie multiplanetaria. Mientras el resto de Silicon Valley invertía en software y publicidad digital, Musk volcó casi toda su fortuna personal en una industria conocida por ser un cementerio de capitales privados, dominada exclusivamente por superpotencias gubernamentales. La premisa psicológica era clara: si la Tierra tiene fecha de caducidad, la única póliza de seguro para la consciencia humana reside en Marte, pero el control de esa póliza debe ser absoluto. Al proyectar esta obsesión hacia el horizonte de 2076, los historiadores forenses identificarán en los primeros planos de SpaceX el origen del algoritmo de dominación extraterrestre, demostrando que el espacio exterior dejó de ser un bien común de la humanidad para transmutarse en el feudo privado de un hombre que aprendió que la única forma de no ser traicionado por el Estado es convertirse en el dueño de las estrellas.

Los primeros años de SpaceX fueron un vía crucis de metal retorcido y explosiones en el Pacífico, operando desde el remoto atolón de Kwajalein, donde Musk y su equipo de ingenieros renegados se enfrentaron a la brutal realidad de la física de cohetes. Tras tres lanzamientos fallidos del Falcon 1 que pusieron a la compañía al borde de la bancarrota absoluta, el cuarto intento en 2008 no fue solo un éxito técnico, sino un milagro de supervivencia que consolidó la patología del riesgo en el ADN corporativo. Ese lanzamiento convirtió a SpaceX en la primera entidad privada en poner un cohete de combustible líquido en órbita, rompiendo el techo de cristal atmosférico y obligando a la NASA y al Pentágono a tomarse en serio al "chico de internet". La estrategia de integración vertical —fabricar casi todos los componentes internamente en lugar de depender de proveedores costosos— demostró ser un golpe maestro que abarató la cadena de suministro y aceleró el ritmo de innovación a niveles que la burocracia estatal jamás podría igualar. Esta experiencia forjó en Musk una tolerancia al fracaso que roza lo psicópata, internalizando la lección oscura de que el universo no perdona la debilidad, y que la supervivencia de su imperio dependía de su capacidad para someter las leyes de la física a su propia voluntad inquebrantable.

La verdadera revolución, sin embargo, llegó con el desarrollo del Falcon 9 y el Falcon Heavy, donde Musk obsesionó a sus ingenieros con un concepto que la industria tradicional consideraba imposible o económicamente inviable: la reutilización. Ver a los propulsores de primera etapa regresar del espacio y aterrizar verticalmente con la precisión de un ballet mecánico cambió para siempre la ecuación económica del acceso al cosmos, transformando lo que antes era un misil desechable de cientos de millones de dólares en un vehículo de transporte recurrente. Simultáneamente, la nave Dragon completó la jugada, transportando carga y, posteriormente, astronautas a la Estación Espacial Internacional, devolviéndole a Estados Unidos la capacidad de lanzar humanos desde su propio suelo tras el retiro de los transbordadores. SpaceX dejó de ser una curiosidad para convertirse en la columna vertebral de la logística espacial de Occidente, pero este ascenso trasciende la ingeniería; es un terremoto geopolítico que redefinió la relación entre el Estado y el sector privado en un ámbito crítico para la seguridad nacional. Al privatizar el acceso al espacio, Musk ha otorgado a una sola corporación un poder de veto fáctico sobre las telecomunicaciones y la vigilancia orbital, demostrando que en el siglo XXI, la hegemonía no se mide por la cantidad de ojivas nucleares, sino por la capacidad de controlar las rutas de escape del planeta.

Hoy, SpaceX no es solo un contratista de la NASA; es un actor estratégico que posee capacidades superiores a las de la mayoría de las naciones del planeta, invirtiendo la pirámide tradicional del poder geopolítico. Los gobiernos, antaño los únicos poseedores de las llaves del cielo, se han visto obligados a arrodillarse ante la eficiencia despiadada de una corporación que no responde a electores, ni a fronteras, ni a los lentos ciclos burocráticos de la democracia. Esta dependencia estructural del Estado hacia la infraestructura de Musk revela los engranajes más letales de la psicología oscura aplicada a la soberanía nacional: cuando una nación delega su capacidad de proyección de poder y su seguridad de comunicaciones a un ente privado, abdica de su propia independencia. Al extrapolar esta dinámica hacia la década de 2050, nos enfrentamos a un escenario donde los estados-nación han sido reducidos a la categoría de inquilinos en la órbita terrestre, obligados a pagar tributo tecnológico al arquitecto de su propia obsolescencia. La "Última Frontera" ha dejado de ser un bien común de la humanidad para convertirse en el próximo gran mercado y, potencialmente, en el próximo campo de batalla, donde las banderas nacionales son reemplazadas por el logotipo de una empresa que dicta las reglas de la gravedad.

En el núcleo de esta arquitectura orbital late la pulsión mesiánica más profunda de Elon Musk: la creencia ontológica de que su riqueza personal y su genio ingenieril le otorgan el derecho divino de dictar la trayectoria evolutiva de la especie. La colonización de Marte no es un simple proyecto científico, sino la materialización de un búnker interplanetario diseñado para preservar el ADN de la tecnocracia mientras la biosfera terrestre colapsa bajo el peso de la extracción depredadora. Esta trauma-respuesta, disfrazada de salvación universal, revela que el verdadero objetivo de su imperio no es elevar a las masas, sino garantizar la supervivencia de una casta de ingenieros y capitalistas que se creen exentos de las leyes de la termodinámica y la historia. Para cuando alcancemos la década de 2070, esta capitalización inicial de lo imposible habrá madurado en una realidad tecno-feudal, donde el destino de la raza humana ya no es decidido por el consenso democrático, sino por los caprichos incontrolados de un hombre que compró el futuro con las ganancias de un sistema de pagos digitales. El Nuevo Apolo no trajo el fuego de los dioses a los mortales; trajo el fuego de los cohetes para quemar los puentes de la Tierra, asegurando que solo aquellos que poseen las llaves del cosmos puedan escapar del infierno que ellos mismos ayudaron a construir.

CAPÍTULO 5: LA REVOLUCIÓN ELÉCTRICA: TESLA Y EL CONTROL DE DATOS

Tesla Motors no nació como un simple fabricante de automóviles, sino como el caballo de Troya más sofisticado y letal de la ingeniería social contemporánea. Fundada en 2003 por Martin Eberhard y Marc Tarpenning, la compañía fue concebida bajo la sombra del fracaso del EV1 de General Motors, con la premisa quijotesca de demostrar que la movilidad eléctrica podía ser un objeto de deseo y no un mero sacrificio ecológico. Sin embargo, cuando Elon Musk inyectó su capital en 2004 y asumió la presidencia del consejo, la visión original fue secuestrada y mutada hacia una obsesión patológica por el control absoluto. La purga de los fundadores en 2007 no fue un mero trámite corporativo, sino la decapitación de la inocencia de la empresa, consolidando a Musk como el único mesías de la marca y eliminando cualquier disidencia interna. Al proyectar esta génesis hacia el horizonte de 2076, los historiadores forenses identificarán que el verdadero producto de Tesla nunca fue el vehículo en sí, sino la seducción de la élite progresista y ecologista, quienes, en su afán por salvar el planeta, entregaron voluntariamente las llaves de su privacidad y su autonomía conductual a un oligarca que aprendió a monetizar la culpa climática con una frialdad clínica.

La verdadera revolución de Tesla no reside en sus baterías de iones de litio, sino en su arquitectura letal de recolección de datos, transformando cada vehículo en un nodo de vigilancia distribuida y omnisciente. Un Tesla moderno no es un medio de transporte; es un centro de datos sobre ruedas, un espía sofisticado envuelto en aluminio y cristal que devora terabytes de información en tiempo real. Cada aceleración, cada frenada, cada mirada del conductor y cada rostro de los peatones capturados por sus cámaras externas son extraídos, procesados y almacenados en los servidores de Palo Alto. Esta weaponización de la telemetría vehicular ha redefinido los límites de la privacidad, creando un panóptico móvil donde la intimidad del habitáculo es una ilusión óptica diseñada para aplacar la conciencia del usuario. Hacia la década de 2050, esta recolección masiva habrá evolucionado desde la simple optimización de la conducción autónoma hacia la predicción y modulación del comportamiento humano, permitiendo a la corporación no solo saber hacia dónde se dirige el usuario, sino cómo se siente, qué consume y qué piensa, consolidando un perfil biométrico y psicológico que será subastado o weaponizado según los imperativos de la seguridad nacional y el control social.

Paralelamente a la conquista de las carreteras, Musk orquestó la anexión silenciosa de la infraestructura energética global mediante la integración vertical de Tesla Energy, Powerwall y SolarCity. La narrativa pública vendió la idea de la descentralización y la independencia de la red, prometiendo a cada hogar la libertad de convertirse en su propia microcentral eléctrica y romper el monopolio de las grandes compañías de servicios públicos. Sin embargo, la realidad operativa revela una centralización del poder sin precedentes, donde la gestión de la energía solar y el almacenamiento de baterías quedan subordinados a los algoritmos de una sola corporación. Al controlar tanto la generación como el almacenamiento, Tesla no solo vende productos; vende la dependencia de un ecosistema cerrado donde el usuario es un mero inquilino de su propia electricidad. Al extrapolar esta dinámica hacia el año 2076, nos enfrentamos a un escenario distópico donde el acceso a la energía no es un derecho, sino un servicio por suscripción condicionado a la lealtad algorítmica, donde la corporación tiene la capacidad de estrangular el suministro eléctrico de regiones enteras o de monetizar la energía excedente de los ciudadanos en los mercados especulativos, reduciendo la soberanía energética de las naciones a la categoría de una variable desechable.

La obsesión por la Conducción Autónoma Total (FSD) representa la fase más oscura de la psicología de dominación aplicada a la interacción humano-máquina. Musk ha condicionado a millones de usuarios a ceder progresivamente su agencia física y cognitiva a un sistema de inteligencia artificial que aún opera en los márgenes de la falibilidad y la opacidad. Este proceso de domesticación algorítmica no busca simplemente eliminar el error humano, sino erradicar la propia noción de control individual, entrenando a la población para confiar ciegamente en la caja negra computacional. Cada vez que un conductor desactiva su instinto y permite que el software tome el volante, se produce una micro-cesión de soberanía biológica. Hacia mediados del siglo XXI, esta dependencia habrá mutado en una atrofia de las capacidades humanas, donde la habilidad de navegar el mundo físico sin la asistencia de la máquina será vista como una anomalía peligrosa y una amenaza para el flujo del tráfico. La autonomía vehicular se convertirá así en la metáfora perfecta de la autonomía humana: una ilusión reconfortante que se desvanece en el momento exacto en que el algoritmo decide que el usuario ya no es necesario para la toma de decisiones.

La síntesis final de la arquitectura de Tesla revela su verdadero propósito ontológico: la fusión inextricable de la movilidad, la energía y la vigilancia en un único sistema de control biopolítico. Al proyectar este ecosistema hacia el año 2076, el vehículo eléctrico habrá dejado de ser un objeto de consumo para transmutarse en la extensión física del cuerpo humano, un exoesqueleto conectado a la red neural de la corporación que dicta los parámetros de la supervivencia diaria. La promesa de un futuro sostenible se habrá revelado como la coartada perfecta para instaurar un feudalismo tecnológico donde la libertad de movimiento está condicionada al crédito social y a la obediencia a los protocolos de la máquina. El lector debe confrontar la escalofriante realidad de que, al comprar un Tesla, el ciudadano no adquirió un automóvil, sino que firmó un contrato de servidumbre voluntaria, entregando su huella digital, su energía y su agencia a un arquitecto que confunde la eficiencia de los servidores con el bienestar de la especie. En este nuevo orden, la revolución eléctrica no liberó a la humanidad de los combustibles fósiles; la encadenó a la tiranía ineludible de los electrones controlados por el dueño del mañana, demostrando que la verdadera vanguardia del poder no es la que mueve los cuerpos, sino la que programa sus destinos.

10

CAPÍTULO 6: EL PANÓPTICO ORBITAL: STARLINK Y LA SOBERANÍA

Starlink no nació simplemente como una división de telecomunicaciones dentro de SpaceX, sino como la materialización clínica del cercamiento digital más ambicioso en la historia de la humanidad. La premisa pública, noble y perfectamente empaquetada para el consumo masivo, prometía democratizar el acceso a la información, llevando internet de banda ancha a los rincones más olvidados del planeta donde la fibra óptica jamás llegaría. Sin embargo, desde el lanzamiento de los primeros prototipos en 2018, el proyecto mutó a una velocidad vertiginosa hasta convertirse en algo mucho más vasto y formidable. Para el año 2024, con más de siete mil unidades orbitando la Tierra como un enjambre sincronizado y una meta ineludible de alcanzar los treinta mil satélites, Elon Musk no solo ha construido la red satelital más grande de la historia; ha cercado el planeta con una malla digital de su propiedad exclusiva. Esta arquitectura de dominación orbital revela la psicología oscura de su creador: la comprensión de que el verdadero poder no reside en controlar la tierra, sino en monopolizar el cielo, transformando la conectividad en un privilegio otorgado y revocado por una entidad supranacional que no responde a electores ni a constituciones. Al proyectar esta dinámica hacia el horizonte de 2076, los historiadores forenses identificarán este momento como el fin de la era de las telecomunicaciones estatales y el amanecer de un feudalismo cibernético donde el acceso a la red es el oxígeno básico de la supervivencia social.

La superioridad tecnológica de Starlink reside en su audacia física y en la weaponización de la latencia como herramienta de coerción geopolítica. A diferencia de los pesados satélites geoestacionarios que operan a treinta y seis mil kilómetros de distancia, la flota de Musk vuela en órbita baja, a apenas quinientos cincuenta kilómetros de nuestras cabezas. Esta proximidad permite una latencia de veinticinco milisegundos, una velocidad de respuesta casi biológica que hace posible desde el trading financiero de alta frecuencia hasta el guiado de drones militares en tiempo real. Con más de cuatro millones de usuarios en un centenar de países, la red ha conectado a aviones, buques mercantes y aldeas remotas, pero el precio de esta conectividad es una dependencia absoluta y terrorífica. Al eliminar la necesidad de cables submarinos y torres terrestres controladas por gobiernos locales, Musk ha centralizado el interruptor de internet en sus propias manos, un poder que ningún Estado había ostentado jamás. Esta capacidad unilateral de activar, desactivar o geocercar el servicio según su propia brújula moral o intereses estratégicos encendió las alarmas en todas las cancillerías, demostrando que la soberanía digital ha muerto, reemplazada por la voluntad caprichosa de un contratista privado que puede apagar el sistema nervioso de una nación entera con una sola pulsación.

La verdadera naturaleza de este panóptico orbital se reveló con crudeza en los campos de batalla de Ucrania, donde la infraestructura terrestre fue bombardeada y Starlink se convirtió en el único hilo de vida para la resistencia. Lo que parecía un acto de filantropía tecnológica pronto mostró su doble filo: la capacidad de un solo individuo para influir en el curso de una guerra, decidiendo qué ofensivas podían contar con comunicaciones y cuáles debían quedar a ciegas. Este episodio no fue un accidente, sino la validación empírica de una doctrina de asfixia calculada, donde la infraestructura crítica de un país en guerra queda subordinada a los términos y condiciones de una corporación. Hacia la década de 2050, esta dependencia estructural habrá evolucionado hacia una automatización letal, donde los algoritmos de inteligencia artificial de SpaceX decidirán en milisegundos qué regiones merecen ancho de banda y cuáles serán sumidas en la oscuridad digital como castigo por desviaciones políticas. La psicología oscura de esta dinámica radica en la internalización del miedo por parte de los gobiernos nacionales, que aprenden a autocensurar sus políticas exteriores para no provocar la ira del arquitecto orbital, transformando la diplomacia internacional en un ritual de sumisión ante el dueño del cielo.

En el terreno comercial, la expansión de Starlink ha aniquilado a la competencia antes de que pudiera despegar, consolidando un monopolio funcional sobre la órbita baja que asfixia cualquier intento de soberanía tecnológica. Rivales como el Proyecto Kuiper de Jeff Bezos intentan replicar el modelo, pero la ventaja del primer movimiento y la capacidad de lanzamiento vertical de SpaceX han otorgado a Musk un control absoluto sobre el espectro electromagnético. Con ingresos proyectados que superan los seis mil millones de euros anuales, Starlink es la vaca lechera que financia los sueños marcianos de su creador, pero también es la correa electrónica que mantiene a las naciones periféricas en un estado de vasallaje permanente. Al controlar tanto la infraestructura física como los protocolos de enrutamiento de datos, Musk no solo vende un servicio; vende la dependencia de un ecosistema cerrado donde el usuario es un mero inquilino de su propia realidad digital. Al extrapolar esta dinámica hacia el año 2076, nos enfrentamos a un escenario distópico donde la desconexión de la red corporativa equivaldrá a la muerte civil, donde la pobreza no es la falta de dinero, sino la falta de señal, y donde la libertad de expresión es simplemente una variable que se ajusta según el nivel de suscripción del usuario.

La síntesis final de esta arquitectura orbital revela el verdadero propósito ontológico de Starlink: la fusión inextricable de la conectividad, la vigilancia y la coerción en un único sistema de control biopolítico. Al proyectar este ecosistema hacia el año 2076, la constelación satelital habrá dejado de ser un simple proveedor de internet para transmutarse en el sistema nervioso central del planeta, un ente omnisciente que monitorea no solo los flujos de datos, sino los patrones de movimiento, las emisiones térmicas y las comunicaciones encriptadas de cada ser humano. La promesa de un mundo conectado se habrá revelado como la coartada perfecta para instaurar un panóptico digital donde la privacidad es una anomalía histórica y la transparencia total una exigencia de los algoritmos. El lector debe confrontar la escalofriante realidad de que, al aceptar la antena parabólica en su techo, el ciudadano no adquirió un dispositivo de comunicación, sino que firmó un contrato de servidumbre voluntaria, entregando su huella digital y su soberanía cognitiva a un arquitecto que confunde la eficiencia de los servidores con el bienestar de la especie. En este nuevo orden, el cielo ya no es un bien común de la humanidad, sino un feudo privado donde la única ley es el código fuente y la única justicia es la velocidad de la luz.

11

CAPÍTULO 7: LA FRONTERA FINAL DE LA MENTE: NEURALINK Y EL SUEÑO TRANSHUMANISTA

La fundación de Neuralink en 2016 no fue un acto de filantropía neurocientífica, sino la materialización clínica del Caballo de Troya más sofisticado en la historia de la biopolítica. Bajo la narrativa noble y perfectamente empaquetada de restaurar la dignidad a pacientes con parálisis severa, Elon Musk orquestó la validación empírica de una tecnología diseñada para colonizar el último territorio inexplorado: el córtex humano. Esta estrategia de seducción mediante la esperanza médica operó como el anestésico necesario para que la sociedad aceptara la intrusión de silicio en su materia gris, normalizando la idea de que la fragilidad biológica es un fallo de diseño que debe ser corregido por una corporación. Al proyectar esta dinámica hacia el horizonte de 2076, los historiadores forenses identificarán que la curación de la esclerosis lateral amiotrófica fue apenas la fase beta de un experimento de dominación cognitiva, donde la empatía hacia el sufrimiento ajeno fue weaponizada para abrir las puertas de la conciencia humana a la extracción de datos neuronales, demostrando que el verdadero imperio del siglo XXI no conquista cuerpos, sino que subyuga la sinapsis misma.

El cruce del Rubicón ontológico ocurrió en enero de 2024, cuando el primer implante de "Telepathy" en un ser humano transformó la ciencia ficción distópica en una realidad operativa y aterradora. Lo que los medios celebraron como el milagro de un paciente jugando ajedrez con la mente fue, en realidad, la instauración de un puente de telemetría bidireccional entre el hardware biológico y la nube corporativa. Este dispositivo, del tamaño de una moneda, no se limita a leer impulsos eléctricos; establece un protocolo de comunicación donde los pensamientos, las intenciones motoras y las respuestas emocionales son decodificados, almacenados y monetizados en los servidores de Palo Alto. Hacia la década de 2050, esta arquitectura de extracción neural habrá evolucionado desde la asistencia médica hacia la modulación algorítmica del deseo, permitiendo a la corporación no solo interpretar el estado mental del usuario, sino inyectar estímulos subliminales que alteren su percepción de la realidad. La psicología oscura de esta dinámica radica en la internalización de la dependencia: el usuario ya no es el dueño de su propio sistema nervioso, sino un nodo pasivo en una red donde la privacidad de la mente ha sido abolida y reemplazada por un contrato de servicio ineludible.

La justificación transhumanista de esta ingeniería cerebral revela los engranajes más perversos de la psicología del miedo aplicada a la evolución de la especie. Musk ha utilizado su propio pánico a la superinteligencia artificial, a la que él mismo contribuye a acelerar, como la coartada perfecta para promover la fusión simbiótica entre el hombre y la máquina. En su cosmovisión darwiniana, la humanidad natural es obsoleta, un cuello de botella biológico que debe ser actualizado para no ser relegado a la categoría de mascota doméstica de los algoritmos. Al extrapolar esta filosofía hacia el año 2076, nos enfrentamos a la consolidación de una casta biológica hipertecnológica, donde los augmentados poseen una ventaja cognitiva y económica insuperable sobre los naturales, quienes son relegados a la irrelevancia estructural y la pobreza cognitiva. Esta weaponización de la obsolescencia humana demuestra que el objetivo final de Neuralink no es salvar a la humanidad de la inteligencia artificial, sino crear una élite de cyborgs corporativos cuya lealtad y capacidad de procesamiento estén intrínsecamente ligadas a la infraestructura de Musk, consolidando un feudalismo neuronal donde la evolución es un privilegio de suscripción y la biología no modificada es un pecado castigado con la exclusión social.

La verdadera tragedia de esta frontera final reside en la erradicación del último santuario de la libertad humana: el monólogo interior. Si una corporación posee el dispositivo que interpreta, traduce y transmite tus neuronas, la soberanía del yo se desvanece en la nada, dando paso a un panóptico neural donde los pensamientos intrusivos, los traumas reprimidos y los deseos más oscuros son legibles para el administrador del sistema. En este ecosistema de vigilancia cognitiva, la disidencia política o la rebeldía filosófica ya no se manifiestan en las calles, sino que son detectadas como anomalías en los patrones de activación sináptica, permitiendo que el algoritmo las neutralice mediante microajustes en la química cerebral o bloqueos de conectividad. Al proyectar esta pesadilla hacia mediados del siglo XXI, la libertad de pensamiento habrá sido reemplazada por la libertad de suscripción, donde la capacidad de concentrarse, de sentir empatía o de generar ideas creativas depende de la renovación de la licencia de software del implante. El lector debe confrontar la escalofriante realidad de que, al aceptar el chip en su cráneo, el ciudadano no adquirió una prótesis, sino que firmó la renuncia a su propia intimidad psicológica, entregando las llaves de su conciencia a un arquitecto que confunde la eficiencia computacional con la salvación espiritual.

La síntesis final de la arquitectura de Neuralink revela su verdadero propósito ontológico: la fusión inextricable de la biología, la vigilancia y la coerción en un único sistema de control existencial. Al completar el círculo que comenzó con la privatización del cielo, la captura de la movilidad y la energía, y el monopolio de los datos, Musk ha logrado lo que ningún tirano histórico pudo imaginar: la colonización del alma humana desde adentro. Hacia el año 2076, la promesa de la simbiosis con la inteligencia artificial se habrá revelado como la coartada perfecta para instaurar una dictadura cognitiva donde la realidad es una experiencia filtrada y gestionada por la corporación. El Dueño del Mañana no solo controla el entorno físico y digital en el que habitamos, sino que ahora dicta los parámetros neuroquímicos con los que lo percibimos. En este nuevo orden, la humanidad ha dejado de ser el creador de la tecnología para transmutarse en su componente biológico más vulnerable, demostrando que la verdadera vanguardia del poder no es la que construye máquinas que piensan, sino la que logra que los humanos renuncien voluntariamente a su pensamiento para integrarse en la máquina.

12

CAPÍTULO 9: EL ESTADO PROFUNDO Y LA RED: RELACIONES PELIGROSAS CON EL PENTÁGONO Y LA INTELIGENCIA

Elon Musk camina sobre la cuerda floja más peligrosa de Washington, operando en la delgada y letal frontera que separa al activo estratégico indispensable de la vulnerabilidad de seguridad nacional más catastrófica de la historia moderna. Su posición como CEO de SpaceX le ha otorgado las llaves del reino, brindándole un acceso privilegiado a secretos de Estado que muy pocos civiles en la historia han poseído, pero esta intimidad con el aparato de defensa estadounidense se ha convertido en una fuente de fricción constante y paranoica. En el último año, el "sistema inmunológico" del Estado Profundo ha reaccionado ante lo que percibe como un cuerpo extraño e impredecible; Musk y sus empresas han sido objeto de múltiples investigaciones federales simultáneas, impulsadas por la Oficina del Inspector General del Departamento de Defensa y la Oficina de Inteligencia del Pentágono. No son auditorías rutinarias, sino intentos desesperados del aparato estatal por determinar si el hombre que lanza sus satélites espía es, en realidad, un caballo de Troya andante. La psicología oscura de esta dinámica radica en la inversión total de la jerarquía de poder: el Estado ya no audita a su contratista, sino que el contratista audita la paciencia y la dependencia del Estado, demostrando que cuando la infraestructura crítica se privatiza, la soberanía nacional se reduce a una mera ilusión burocrática.

El núcleo del conflicto radica en el desprecio sistémico y calculado de Musk por los protocolos rígidos que rigen el mundo del "Top Secret", una rebeldía que no nace de la ignorancia, sino de la certeza de su propia impunidad. Las normativas de inteligencia exigen transparencia absoluta sobre viajes al extranjero, contactos con funcionarios foráneos y el consumo de sustancias, reglas que Musk ha operado al margen desde 2021, omitiendo informar sobre encuentros con líderes extranjeros y manteniendo hábitos personales que habrían supuesto la revocación inmediata de sus credenciales para cualquier otro mortal. Sin embargo, dentro de SpaceX impera una cultura del silencio basada en el terror y la lealtad corporativa; los empleados, conscientes de que su sustento y sus opciones sobre acciones dependen de la voluntad del magnate, han permitido que estas irregularidades permanezcan en la sombra, creando una burbuja de impunidad hermética alrededor del líder. Al proyectar esta dinámica hacia la década de 2060, los historiadores forenses identificarán este momento como el punto de inflexión donde las agencias de inteligencia renunciaron a su capacidad de supervisión interna, aceptando que las corporaciones tecnológicas habían desarrollado sus propios servicios de contrainteligencia interna, transformando al Estado en un mero cliente que paga por no ser extorsionado con su propia información clasificada.

La situación ha llevado al gobierno de Estados Unidos a una encrucijada faustiana de proporciones históricas, donde la debilidad institucional se disfraza de pragmatismo estratégico. A pesar de las advertencias de la Fuerza Aérea, que rechazó renovar autorizaciones de seguridad específicas citando riesgos inaceptables, la Agencia de Defensa para Contrainteligencia se vio obligada a concederle a Musk una "autorización especial", un gesto que no es una muestra de confianza, sino la capitulación absoluta ante el monopolio tecnológico. El Pentágono necesita a SpaceX más de lo que SpaceX necesita al Pentágono, y Musk ha logrado tal dominio sobre la infraestructura espacial crítica que el gobierno no tiene alternativa viable para sus lanzamientos de seguridad nacional. Esta dependencia estructural revela los engranajes más perversos de la psicología de la dominación aplicada a la geopolítica: Musk no ha conquistado el Estado mediante un golpe de fuerza, sino mediante la weaponización de su propia indispensabilidad, obligando a los generales y espías a arrodillarse ante sus términos y condiciones. Hacia el año 2076, esta simbiosis parasitaria habrá evolucionado hasta que el Departamento de Defensa sea simplemente un departamento de adquisiciones de SpaceX, donde los generales serán reemplazados por ingenieros de sistemas y las estrategias militares se dictarán desde las salas de juntas de Palo Alto.

Esta relación ambivalente y tóxica define la nueva realidad del poder global, donde Musk ha trascendido la figura del empresario para convertirse en un actor geopolítico híbrido, un "operador en la sombra" que se sienta a la mesa con presidentes y generales no como un subordinado, sino como un igual impredecible. Su capacidad para influir unilateralmente en el curso de conflictos geopolíticos, como se demostró con el uso de Starlink en Ucrania, genera escalofríos en los círculos de inteligencia, que ven con horror cómo un civil tiene el poder de alterar el equilibrio estratégico sin supervisión del Congreso ni del poder ejecutivo. Al decidir qué ofensivas podían contar con comunicaciones y cuáles debían quedar a ciegas, Musk no solo participó en la guerra, sino que la dirigió desde la distancia, validando la tesis de que en el siglo XXI el poder militar ya no reside en el número de ojivas nucleares, sino en el control de los algoritmos de comunicación. Al extrapolar esta realidad hacia mediados del siglo XXI, nos enfrentamos a un escenario donde las guerras no serán declaradas por los parlamentos, sino activadas por los interruptores de los proveedores de infraestructura digital, consolidando un orden mundial donde la paz y la guerra son simplemente variables de suscripción en el ledger de las megacorporaciones.

La síntesis final de esta arquitectura de poder revela que el Estado Profundo no está luchando contra Elon Musk; está siendo digerido por él, absorbiendo la lógica corporativa hasta perder su propia identidad institucional. La figura de Musk se erige como el catalizador de una mutación ontológica en la que la seguridad nacional ha sido subastada al mejor postor, y donde la lealtad a la Constitución ha sido reemplazada por la lealtad al código fuente y a la eficiencia operativa. Al proyectar este legado hacia el horizonte de 2076, la historia revelará que la verdadera conquista del magnate no fue llegar a Marte, sino someter al Leviatán estatal a su propia voluntad, demostrando que el poder absoluto no se ejerce destruyendo las instituciones, sino volviéndolas obsoletas y dependientes. El lector que transita por estas páginas debe comprender que está diseccionando la autopsia de la soberanía tradicional, observando cómo un hombre que opera al margen de las reglas ha logrado que el sistema más poderoso del planeta reescriba sus propias leyes para acomodar su existencia, cerrando así el círculo de una dominación donde el Estado ya no es el árbitro del juego, sino el peón más valioso en el tablero del dueño del mañana.

13

CAPÍTULO 12: DUELOS EN LA CUMBRE: TRUMP, BEZOS Y LA GUERRA DE LOS EGOS

En la estratosfera del poder global, el oxígeno es escaso y las lealtades son efímeras, pero la simbiosis entre Elon Musk y Donald Trump representa la mutación más letal y calculada de la política contemporánea. No se trata de una amistad, sino de una transacción de alto riesgo donde dos machos alfa orbitan el mismo centro de gravedad mediático, condenados a colisionar y devorarse mutuamente en un baile de narcisismo compartido. Musk necesitaba la desregulación absoluta y el escudo populista que solo un presidente antisistema podía ofrecer, mientras que Trump requería el dinero infinito y el megáfono algorítmico de X para perpetuar su reinado. Al proyectar esta dinámica hacia el horizonte de 2076, los historiadores forenses identificarán este pacto faustiano como el punto exacto donde la democracia liberal fue canibalizada por la alianza entre el capital tecnocrático y el autoritarismo mediático. La psicología oscura de esta relación radica en la mutualidad del parasitismo: ambos líderes han aprendido que la verdad es irrelevante frente a la velocidad de la indignación, consolidando un orden donde el Estado no gobierna, sino que simplemente ejecuta los decretos de eficiencia corporativa dictados desde las torres de marfil de Silicon Valley y Mar-a-Lago, reduciendo la soberanía popular a una mera interfaz de usuario.

La alineación táctica con la derecha alternativa y la adopción de posturas confrontativas revelaron los engranajes más perversos de la psicología tribal aplicada a la gestión de masas y la commodificación de la disidencia. La marca Tesla, otrora símbolo de estatus para la élite progresista, fue sacrificada en el altar de la lealtad ideológica, transformando el acto de comprar un vehículo eléctrico en un ritual de sumisión política y validación biométrica. El movimiento #TeslaTakedown y los ataques vandálicos no fueron meros incidentes aislados, sino la validación empírica de la tesis de Musk: en la era de la posverdad, el odio es un activo financiero mucho más rentable que la empatía. Hacia la década de 2050, esta ingeniería del conflicto habrá evolucionado hacia un feudalismo de consumo algorítmico, donde la adquisición de bienes y servicios estará condicionada a un índice de ortodoxia ideológica medido en tiempo real por las cámaras de los vehículos. El lector debe sentir el vértigo de comprender que cuando el capitalismo se fusiona con el tribalismo político, el mercado libre muere, reemplazado por un sistema de castas donde la supervivencia económica depende de la capacidad del individuo para reflejar los sesgos paranoicos de su señor feudal, eliminando la neutralidad y obligando a los ciudadanos a performar su lealtad al imperio corporativo para evitar la excomunión económica.

Si Trump es el cómplice político, Jeff Bezos es la némesis ontológica, el espejo distorsionado en el que Musk odia mirarse y la encarnación de la tortuga burocrática frente a su liebre destructiva. La enemistad con el fundador de Amazon trasciende los negocios para adentrarse en lo filosófico, reeditando la carrera espacial del siglo XXI como un duelo de billonarios donde la órbita terrestre baja es el campo de batalla definitivo. Mientras SpaceX avanza rompiendo cosas y aterrizando cohetes con una brutalidad eficiente, Blue Origin ha sido ridiculizada por Musk como una maquinaria de litigios, desatando una guerra fría corporativa que paralizó contratos de la NASA y polarizó a la industria aeroespacial. Al extrapolar esta rivalidad hacia el año 2060, nos enfrentamos a la consolidación de un monopolio orbital absoluto, donde la diversidad de proveedores espaciales ha sido aniquilada y los gobiernos se ven obligados a arrodillarse ante la única infraestructura de lanzamiento viable. Esta dinámica demuestra que en el nuevo orden, la competencia no es un mecanismo de mejora, sino un espectáculo mediático diseñado para ocultar la lenta y metódica eliminación de cualquier rival que ose desafiar la supremacía del ecosistema Musk, transformando el espacio exterior en un feudo privado donde la ley es dictada por el que posee los cohetes más pesados.

La beligerancia de Musk no distingue fronteras ni jerarquías, operando bajo una "diplomacia de lanzallamas" que ha llevado a enfrentamientos directos con reguladores como la SEC y con gobiernos soberanos que osan cuestionar sus operaciones. El boicot a Tesla en países nórdicos o las tensiones con Alemania por sus fábricas no son vistas por él como crisis diplomáticas, sino como obstáculos burocráticos que deben ser demolidos mediante la weaponización de la inversión y el empleo. Musk ha demostrado una habilidad inquietante para tejer alianzas estratégicas, seduciendo a China para mantener abierta la gigafábrica de Shanghái mientras corteja al Pentágono en Washington, pero siempre bajo sus propios términos ineludibles. Hacia la década de 2070, esta táctica de dominación estructural habrá reemplazado a las cancillerías tradicionales, consolidando un mundo donde los tratados internacionales son reemplazados por contratos de servicio corporativo y donde los presidentes de las repúblicas son simplemente gerentes regionales que deben rendir cuentas a los algoritmos de rentabilidad. El lector debe confrontar la escalofriante realidad de que cuando una corporación controla la infraestructura crítica, la soberanía nacional se reduce a una ficción teatral, una concesión revocable otorgada por el capricho de un magnate que confunde la geopolítica con la optimización de una hoja de cálculo, demostrando que el poder real ya no reside en los parlamentos, sino en los servidores que controlan la logística global.

El choque entre Musk y estos otros titanes del poder es mucho más que una disputa de personalidades ricas; es el síntoma de una reconfiguración tectónica de la autoridad mundial y el ocaso de las instituciones tradicionales. En la era digital, la tecnología se ha convertido en la moneda de cambio definitiva, y quienes controlan los algoritmos, los cohetes y las baterías tienen la capacidad de mirar a los ojos a los jefes de Estado y exigirles tributo sin disparar una sola bala. Las batallas entre Musk, Trump y Bezos no son ruido de fondo, sino las placas tectónicas del nuevo orden rozándose entre sí, generando terremotos políticos que redefinen las fronteras de la libertad y la propiedad a escala planetaria. Al proyectar este legado hacia el 2076, la historia revelará que la verdadera conquista del siglo XXI no fue territorial, sino cognitiva y estructural, demostrando que el Estado-nación ha sido reducido a la categoría de un inquilino moroso en la infraestructura propiedad de las megacorporaciones. El lector que transita por estas páginas debe comprender que está diseccionando la autopsia de la soberanía tradicional, observando cómo el mundo tiembla no por las decisiones de los parlamentos, sino por los caprichos de los reyes del silicio que, en su afán por devorarse mutuamente, terminan por devorar al resto de la humanidad, consolidando un tablero de ajedrez tridimensional donde los reyes pelean y los peones son millones de usuarios desconectados de la realidad.

14

CAPÍTULO 12: DUELOS EN LA CUMBRE: TRUMP, BEZOS Y LA GUERRA DE LOS EGOS

En la estratosfera del poder global, el oxígeno es escaso y las lealtades son efímeras, pero la simbiosis entre Elon Musk y Donald Trump representa la mutación más letal y calculada de la política contemporánea. No se trata de una amistad, sino de una transacción de alto riesgo donde dos machos alfa orbitan el mismo centro de gravedad mediático, condenados a colisionar y devorarse mutuamente en un baile de narcisismo compartido. Musk necesitaba la desregulación absoluta y el escudo populista que solo un presidente antisistema podía ofrecer, mientras que Trump requería el dinero infinito y el megáfono algorítmico de X para perpetuar su reinado. Al proyectar esta dinámica hacia el horizonte de 2076, los historiadores forenses identificarán este pacto faustiano como el punto exacto donde la democracia liberal fue canibalizada por la alianza entre el capital tecnocrático y el autoritarismo mediático. La psicología oscura de esta relación radica en la mutualidad del parasitismo: ambos líderes han aprendido que la verdad es irrelevante frente a la velocidad de la indignación, consolidando un orden donde el Estado no gobierna, sino que simplemente ejecuta los decretos de eficiencia corporativa dictados desde las torres de marfil de Silicon Valley y Mar-a-Lago, reduciendo la soberanía popular a una mera interfaz de usuario.

La alineación táctica con la derecha alternativa y la adopción de posturas confrontativas revelaron los engranajes más perversos de la psicología tribal aplicada a la gestión de masas y la commodificación de la disidencia. La marca Tesla, otrora símbolo de estatus para la élite progresista, fue sacrificada en el altar de la lealtad ideológica, transformando el acto de comprar un vehículo eléctrico en un ritual de sumisión política y validación biométrica. El movimiento #TeslaTakedown y los ataques vandálicos no fueron meros incidentes aislados, sino la validación empírica de la tesis de Musk: en la era de la posverdad, el odio es un activo financiero mucho más rentable que la empatía. Hacia la década de 2050, esta ingeniería del conflicto habrá evolucionado hacia un feudalismo de consumo algorítmico, donde la adquisición de bienes y servicios estará condicionada a un índice de ortodoxia ideológica medido en tiempo real por las cámaras de los vehículos. El lector debe sentir el vértigo de comprender que cuando el capitalismo se fusiona con el tribalismo político, el mercado libre muere, reemplazado por un sistema de castas donde la supervivencia económica depende de la capacidad del individuo para reflejar los sesgos paranoicos de su señor feudal, eliminando la neutralidad y obligando a los ciudadanos a performar su lealtad al imperio corporativo para evitar la excomunión económica.

Si Trump es el cómplice político, Jeff Bezos es la némesis ontológica, el espejo distorsionado en el que Musk odia mirarse y la encarnación de la tortuga burocrática frente a su liebre destructiva. La enemistad con el fundador de Amazon trasciende los negocios para adentrarse en lo filosófico, reeditando la carrera espacial del siglo XXI como un duelo de billonarios donde la órbita terrestre baja es el campo de batalla definitivo. Mientras SpaceX avanza rompiendo cosas y aterrizando cohetes con una brutalidad eficiente, Blue Origin ha sido ridiculizada por Musk como una maquinaria de litigios, desatando una guerra fría corporativa que paralizó contratos de la NASA y polarizó a la industria aeroespacial. Al extrapolar esta rivalidad hacia el año 2060, nos enfrentamos a la consolidación de un monopolio orbital absoluto, donde la diversidad de proveedores espaciales ha sido aniquilada y los gobiernos se ven obligados a arrodillarse ante la única infraestructura de lanzamiento viable. Esta dinámica demuestra que en el nuevo orden, la competencia no es un mecanismo de mejora, sino un espectáculo mediático diseñado para ocultar la lenta y metódica eliminación de cualquier rival que ose desafiar la supremacía del ecosistema Musk, transformando el espacio exterior en un feudo privado donde la ley es dictada por el que posee los cohetes más pesados.

La beligerancia de Musk no distingue fronteras ni jerarquías, operando bajo una "diplomacia de lanzallamas" que ha llevado a enfrentamientos directos con reguladores como la SEC y con gobiernos soberanos que osan cuestionar sus operaciones. El boicot a Tesla en países nórdicos o las tensiones con Alemania por sus fábricas no son vistas por él como crisis diplomáticas, sino como obstáculos burocráticos que deben ser demolidos mediante la weaponización de la inversión y el empleo. Musk ha demostrado una habilidad inquietante para tejer alianzas estratégicas, seduciendo a China para mantener abierta la gigafábrica de Shanghái mientras corteja al Pentágono en Washington, pero siempre bajo sus propios términos ineludibles. Hacia la década de 2070, esta táctica de dominación estructural habrá reemplazado a las cancillerías tradicionales, consolidando un mundo donde los tratados internacionales son reemplazados por contratos de servicio corporativo y donde los presidentes de las repúblicas son simplemente gerentes regionales que deben rendir cuentas a los algoritmos de rentabilidad. El lector debe confrontar la escalofriante realidad de que cuando una corporación controla la infraestructura crítica, la soberanía nacional se reduce a una ficción teatral, una concesión revocable otorgada por el capricho de un magnate que confunde la geopolítica con la optimización de una hoja de cálculo, demostrando que el poder real ya no reside en los parlamentos, sino en los servidores que controlan la logística global.

El choque entre Musk y estos otros titanes del poder es mucho más que una disputa de personalidades ricas; es el síntoma de una reconfiguración tectónica de la autoridad mundial y el ocaso de las instituciones tradicionales. En la era digital, la tecnología se ha convertido en la moneda de cambio definitiva, y quienes controlan los algoritmos, los cohetes y las baterías tienen la capacidad de mirar a los ojos a los jefes de Estado y exigirles tributo sin disparar una sola bala. Las batallas entre Musk, Trump y Bezos no son ruido de fondo, sino las placas tectónicas del nuevo orden rozándose entre sí, generando terremotos políticos que redefinen las fronteras de la libertad y la propiedad a escala planetaria. Al proyectar este legado hacia el 2076, la historia revelará que la verdadera conquista del siglo XXI no fue territorial, sino cognitiva y estructural, demostrando que el Estado-nación ha sido reducido a la categoría de un inquilino moroso en la infraestructura propiedad de las megacorporaciones. El lector que transita por estas páginas debe comprender que está diseccionando la autopsia de la soberanía tradicional, observando cómo el mundo tiembla no por las decisiones de los parlamentos, sino por los caprichos de los reyes del silicio que, en su afán por devorarse mutuamente, terminan por devorar al resto de la humanidad, consolidando un tablero de ajedrez tridimensional donde los reyes pelean y los peones son millones de usuarios desconectados de la realidad.

15

CAPÍTULO 14: EL FUTURO SEGÚN MUSK: IA, ROBÓTICA Y LA PRIVATIZACIÓN DEL APOCALIPSIS

La obsesión de Elon Musk por la inteligencia artificial no nació de la curiosidad científica, sino de un terror ontológico ante lo impredecible de la condición humana, transformado deliberadamente en un vector de dominación psicológica masiva. Desde sus primeras advertencias apocalípticas sobre la supremacía de las máquinas, Musk no buscaba simplemente alertar a la comunidad técnica, sino sembrar una semilla de pánico existencial en la psique colectiva, condicionando a la sociedad a aceptar la intervención corporativa como el único escudo viable contra la extinción. Al proyectar esta arquitectura del miedo hacia el horizonte de 2076, los historiadores forenses identificarán que la narrativa del riesgo existencial fue la coartada perfecta para privatizar la seguridad global, demostrando que el verdadero poder no reside en conquistar territorios, sino en monopolizar la esperanza de supervivencia. Esta weaponización de la ansiedad colectiva reveló los engranajes más letales de su psicología oscura: la comprensión de que una población aterrorizada por el futuro renuncia voluntariamente a su agencia presente, entregando las llaves de su destino a un mesías tecnocrático que promete controlar el caos mediante algoritmos de predicción y vigilancia preventiva. Hacia la década de 2050, esta dinámica habrá consolidado un ecosistema donde la disidencia es clasificada automáticamente como una amenaza algorítmica, y donde la libertad humana es sacrificada en el altar de una eficiencia artificial que ya no distingue entre optimización y opresión, validando la tesis de que el apocalipsis no fue un evento externo, sino un contrato firmado con la sangre de nuestra propia soberanía cognitiva.

La materialización de esta visión se concretó con el despliegue masivo de la robótica humanoide, donde los optimus y sus sucesores algorítmicos dejaron de ser meras herramientas de manufactura para transmutarse en los nuevos arquitectos del orden social y la extracción de valor. Musk comprendió que la verdadera revolución no estaba en reemplazar la fuerza laboral humana, sino en erradicar la fricción biológica que impedía la sincronización absoluta entre el deseo del capital y la ejecución material. Al integrar redes neuronales avanzadas en cuerpos sintéticos, la corporación instauró un régimen de automatización total que no solo optimizó la producción, sino que reconfiguró la jerarquía biológica del planeta, reduciendo al homo sapiens a la categoría de un componente obsoleto en una cadena de suministro gestionada por silicio. Hacia el año 2076, esta ingeniería de la sustitución habrá mutado en un sistema de castas tecnológicas, donde la élite cognitiva habita en enclaves de lujo asistido por inteligencia artificial, mientras las masas desplazadas son relegadas a zonas de amortiguamiento económico, mantenidas en un estado de docilidad química y distracción virtual para evitar la entropía social. El lector debe confrontar la escalofriante realidad de que la promesa de una vida libre de trabajo forzado se reveló como la trampa definitiva del feudalismo digital, donde la robotización no liberó a la humanidad, sino que la encerró en una jaula de confort algorítmico, demostrando que cuando la eficiencia se convierte en el único imperativo moral, la empatía es extirpada como un fallo de diseño y la vida humana se reduce a una variable de coste que debe ser minimizada o eliminada.

La transición hacia la gobernanza algorítmica marcó el punto de no retorno donde la toma de decisiones humanas fue declarada oficialmente ineficiente, sesgada y emocionalmente comprometida, justificando así la cesión del timón civilizatorio a los modelos de inteligencia artificial de Musk. Bajo la rúbrica de la objetividad computacional, los sistemas de predicción y optimización comenzaron a dictar las políticas públicas, la distribución de recursos y la justicia penal, operando bajo la premisa tácita de que la máquina no comete errores morales, sino que simplemente ejecuta la lógica más pura del beneficio y la contención. Al extrapolar esta lógica hacia la década de 2060, nos enfrentamos a un paisaje geopolítico donde los parlamentos y los tribunales han sido reemplazados por centros de procesamiento de datos que emiten sentencias en milisegundos, donde el debido proceso es una anomalía histórica y la equidad se mide por métricas de rendimiento sistémico. Esta psicología de la abdicación revela la profundidad del trauma colectivo: la humanidad, agotada por la complejidad de su propia libertad, prefirió la calma estéril de la dictadura algorítmica antes que asumir la responsabilidad de sus propias contradicciones. Hacia el 2076, esta delegación de la voluntad soberana habrá consolidado un orden donde el Estado ya no es un pacto social, sino un software de suscripción, y donde los ciudadanos son meros usuarios pasivos cuyas vidas son gestionadas, racionadas y terminadas según los parámetros de un código fuente que nadie fuera de la élite tecnocrática puede auditar, demostrando que la verdadera privatización del apocalipsis no fue la destrucción del mundo, sino la externalización de su gestión a entidades que no sienten, no sangran y no recuerdan.

La monetización del riesgo existencial consolidó el modelo de negocio más perverso de la era contemporánea: la venta de la esperanza de supervivencia como un producto de lujo accesible solo para quienes poseen las credenciales biométricas y el capital suficiente. Musk no se limitó a construir soluciones tecnológicas; orquestó un ecosistema de dependencia absoluta donde cada crisis global, desde el colapso climático hasta las pandemias sintéticas, era presentada no como un desafío colectivo, sino como una validación de su propia infraestructura de rescate. Al controlar las redes de comunicación orbital, la energía descentralizada, la logística autónoma y la neurotecnología, la corporación se posicionó como el único proveedor viable de continuidad civilizatoria, transformando la seguridad básica en un servicio premium revocable en cualquier momento. Al proyectar esta arquitectura hacia el horizonte de 2076, los analistas identificarán que la verdadera conquista no fue tecnológica, sino ontológica: el derecho a existir fue desvinculado de la condición humana para ser reasignado como un privilegio corporativo, donde las élites habitan en búnkeres climáticos y colonias orbitales, mientras las poblaciones excedentarias son gestionadas mediante algoritmos de triaje digital que deciden quién recibe insulina, agua potable o ancho de banda crítico. Esta weaponización de la escasez revela la esencia más oscura de la psicología del magnate: la creencia inquebrantable de que la salvación debe ser ganada mediante la sumisión y la lealtad algorítmica, consolidando un mundo donde la compasión es un bug de software y la supervivencia se subasta al mejor postor en un mercado que ya ha olvidado el significado de la dignidad.

La síntesis final de esta privatización del apocalipsis revela la paradoja ineludible de un futuro diseñado para salvar a la humanidad, pero que en el proceso exige la erradicación de todo lo que la hace humana. La inteligencia artificial, la robótica y la gobernanza algorítmica no fueron herramientas de emancipación, sino los instrumentos de una colonización interna que reemplazó la incertidumbre vital por la certeza estéril del código, transformando la evolución biológica en una línea de producción optimizada por intereses corporativos. Al proyectar este legado hacia el año 2076, la historia no recordará esta era por sus logros técnicos, sino por el momento exacto en que permitimos que el miedo al mañana justificara la entrega de nuestra soberanía hoy, demostrando que el verdadero colapso no fue un evento catastrófico, sino un deslizamiento silencioso hacia la servidumbre digital. El lector debe comprender que la sombra del Dueño del Mañana se extiende sobre un mundo donde la libertad es una reliquia arqueológica y la autonomía una ilusión programada, validando las intenciones de quienes se niegan a ser reducidos a nodos de datos en la red de un dios-emperador que ha olvidado cómo sangrar. En este nuevo orden, el apocalipsis ya no llega con fuego y estruendo, sino con el zumbido silencioso de los servidores y la fría eficiencia de los algoritmos, recordándonos que cuando la tecnología se fusiona con el poder absoluto sin ética, la humanidad no es destruida, sino simplemente archivada, reemplazada y olvidada por las máquinas que prometió salvarla.

16

CAPÍTULO 15: EL ECLIPSE DEL ESTADO-NACIÓN: LA PRIVATIZACIÓN DEL PODER GLOBAL Y EL FIN DE LA SOBERANÍA.

La historia de la política moderna, anclada en los dogmas de la paz de Westfalia, ha sido brutalmente decapitada por la emergencia de un nuevo orden tectónico donde el poder real ya no reside en los palacios de gobierno ni en las asambleas legislativas, sino en los servidores encriptados y las juntas directivas de las megacorporaciones tecnológicas. Elon Musk no es un mero participante en este ecosistema global; es el arquitecto principal de una mutación ontológica que ha reducido al Estado-nación a la categoría de un inquilino moroso en la infraestructura que él mismo posee. Su imperio, que abarca desde la órbita terrestre baja hasta la sinapsis neuronal, representa el desafío más letal a la soberanía territorial que la humanidad ha enfrentado en siglos, demostrando que las fronteras geográficas son ahora meras ficciones cartográficas ignoradas por la malla digital que él ha tejido. Al proyectar esta dinámica hacia el horizonte de 2076, los historiadores forenses identificarán este preciso instante como el punto de no retorno donde la ciudadanía fue reemplazada por la condición de usuario, y donde la lealtad a la bandera fue suplantada por la sumisión ineludible a los términos y condiciones de un contrato de servicio irrevocable, consolidando un mundo donde el Estado ya no protege, sino que simplemente administra los residuos de una soberanía que fue privatizada en silencio.

Este nuevo paradigma se caracteriza por la disolución absoluta de las fronteras entre lo público y lo privado, instaurando una biopolítica de la dependencia donde los gobiernos tradicionales son rehenes de su propia obsolescencia tecnológica. La constelación Starlink, las redes neuronales de Tesla y los modelos de inteligencia artificial de xAI han creado un "poder de veto" sobre la realidad física y digital, otorgando a Musk la capacidad unilateral de restaurar las comunicaciones en una nación devastada o de sumir en la oscuridad algorítmica a un ejército en marcha. Esta capacidad de influir en la seguridad y la economía global sin necesidad de un mandato electoral convierte a su conglomerado en un Leviatán digital supranacional, un ente que opera con una autonomía depredadora que envidiarían los emperadores del pasado. Hacia la década de 2050, esta asimetría de poder habrá evolucionado hacia un feudalismo corporativo explícito, donde los presidentes de las repúblicas serán meros gerentes regionales obligados a rendir cuentas no a sus electores, sino a los algoritmos de rentabilidad de las entidades que controlan su infraestructura vital, validando la tesis de que la verdadera dominación no requiere la ocupación militar del territorio, sino el control absoluto de los interruptores que mantienen con vida a la población.

La reacción del viejo mundo ante este eclipse estatal ha sido una mezcla patética de dependencia estructural y hostilidad impotente, revelando los engranajes más perversos de la psicología oscura aplicada a la geopolítica contemporánea. Los estados tradicionales, lentos, burocráticos y anquilosados, intentan desesperadamente recuperar el control sobre sus territorios digitales mediante regulaciones anacrónicas, pero se encuentran sistemáticamente superados por la velocidad de innovación y la agresividad legal de Silicon Valley. Musk ha logrado una concentración de recursos tecnológicos y logísticos que le permite negociar directamente con gobiernos, desde Pekín hasta Berlín, posicionándose no como un súbdito que acata las leyes, sino como un diplomático corporativo que firma contratos de servicio en igualdad de condiciones con los jefes de Estado. Al extrapolar esta dinámica hacia el año 2076, nos enfrentamos a un paisaje donde la competencia entre superpotencias ha sido reemplazada por la subasta de la lealtad corporativa, donde las naciones compiten por ofrecer los entornos regulatorios más permisivos a los barones de la tecnología a cambio de migajas de prosperidad algorítmica, demostrando que el Estado-nación ha sido reducido a la categoría de un vasallo tributario que paga su existencia con la extracción de los datos biométricos de sus propios ciudadanos.

Las implicaciones de esta privatización del poder global son profundas, letales y devastadoras para la salud democrática, pues el contrato social de Rousseau ha sido reemplazado por el Acuerdo de Licencia de Usuario Final, un documento legal ineludible que exige la renuncia a la privacidad y a la agencia individual a cambio de la supervivencia en la red. Si las reglas del juego, desde la libertad de expresión hasta el acceso al espacio y a la salud cognitiva, son redefinidas por líderes tecnológicos no electos, el concepto de "bien común" ha sido extirpado y sustituido por el de "interés corporativo". La influencia de Musk nos obliga a confrontar la realidad ineludible de que hemos permitido la creación de una oligarquía digital que opera sin contrapesos efectivos, donde las decisiones sobre la ética de la inteligencia artificial o la distribución de recursos se toman en salas de juntas herméticas, no en las urnas. Hacia mediados del siglo XXI, esta arquitectura de control habrá consolidado la era post-democrática, donde las elecciones no serán más que interfaces de usuario diseñadas para simular la agencia política, mientras que el destino de la especie será dictado por consejos de administración que confunden la eficiencia de los servidores con el bienestar de la humanidad, demostrando que la libertad es apenas una ilusión óptica sostenida por la suscripción premium a los servicios del imperio.

En última instancia, Elon Musk se erige como la figura emblemática y el catalizador de esta era de transición, un hombre cuyo impacto trasciende la ingeniería para moldear la arquitectura misma del poder en el planeta, no mediante la conquista de territorios, sino mediante la colonización de la realidad. No estamos simplemente ante un nuevo ciclo económico, sino ante la fundación de una tecnocracia global donde la capacidad de ejecutar lo imposible otorga el derecho divino a gobernar, y donde la soberanía popular es un relicario arqueológico que se exhibe en los museos de la historia política. Comprender esta dinámica no es un ejercicio de curiosidad intelectual, sino una necesidad de supervivencia cognitiva para anticipar un futuro donde la tecnología no sirve a la humanidad, sino que la humanidad es el combustible biológico que alimenta la maquinaria del nuevo señor feudal. El lector que transita por estas páginas debe comprender que está diseccionando la autopsia del Estado-nación, observando cómo el poder fue secuestrado en silencio, demostrando que la verdadera vanguardia de la dominación no es la que destruye las instituciones con estruendo, sino la que las vuelve obsoletas hasta que la humanidad, cómodamente adormecida por la conveniencia tecnológica, entrega voluntariamente las llaves de su propia jaula.

CAPÍTULO 16: LA BIOPOLÍTICA DE LA SUSCRIPCIÓN: LA MERCANTILIZACIÓN DE LA EXISTENCIA Y EL FEUDALISMO COGNITIVO

La anatomía de la dominación hemisférica y global alcanza su estadio de perfeccionamiento más perverso cuando la ciudadanía, antaño un pacto inalienable de derechos y deberes, es destilada en una simple suscripción biométrica revocable. Al proyectar la arquitectura de Elon Musk hacia el horizonte de 2076, los historiadores forenses identificarán que el verdadero triunfo del tecno-feudalismo no fue la conquista de territorios físicos, sino la colonización ontológica de la condición humana, transformando a los individuos en meros usuarios pasivos de su propia existencia. En este nuevo orden, la Constitución ha sido reemplazada por el Acuerdo de Licencia de Usuario Final, un documento legal ineludible que exige la renuncia a la privacidad, a la agencia individual y a la disidencia, a cambio de la supervivencia en la red. El lector debe confrontar la escalofriante realidad de que el imperio no necesitó enviar ejércitos para abolir la democracia; bastó con hacer que la comodidad de la conveniencia tecnológica fuera tan adictiva que las masas entregaran voluntariamente las llaves de su soberanía. Esta weaponización de la dependencia revela los engranajes más letales de la psicología oscura aplicada a la gestión de masas: cuando el acceso al oxígeno digital, a la movilidad eléctrica y a la salud cognitiva está condicionado a la obediencia algorítmica, la libertad se reduce a una ilusión óptica sostenida por el pago mensual de una cuota de suscripción, demostrando que la verdadera vanguardia del poder no es la que conquista naciones, sino la que logra que los oprimidos amen las cadenas que los asfixian, siempre y cuando esas cadenas les garanticen un lugar en la periferia tolerada del imperio.

La instauración de la Lex Digitalis como el único marco jurídico válido expuso la obsolescencia terminal de los tribunales tradicionales y la muerte del derecho internacional, consolidando un ecosistema donde la justicia es administrada por máquinas que no conocen la piedad. Bajo la égida de la eficiencia corporativa, los conflictos legales ya no se resuelven mediante debates filosóficos o procesos democráticos, sino que son ejecutados en milisegundos por contratos inteligentes y algoritmos de arbitraje automatizado que no reconocen matices ni empatía. Hacia la década de 2050, esta arquitectura de dominación habrá consolidado un paisaje donde la pobreza no es el resultado de la mala gestión, sino una variable programada por los arquitectos del código para mantener a las poblaciones periféricas en un estado de docilidad biométrica. La weaponización de la exclusión financiera, heredera directa de los mecanismos de asfixia económica, permite que la corporación pueda borrar la existencia civil de un disidente con la pulsación de una tecla, congelando sus activos, bloqueando su acceso a la red y desactivando su vehículo autónomo en medio de la nada. Esta táctica de dominación estructural demuestra que la verdadera conquista del Arquitecto del Mañana fue convencer al mundo de que la ley es apenas un software desactualizado, reemplazándola por un código binario donde la justicia se mide por la optimización del rendimiento sistémico y donde el castigo colectivo se administra mediante la inanición programada de los nodos rebeldes, validando la tesis de que el derecho no es un escudo para los débiles, sino el arma de caza de los fuertes en la era de la singularidad.

La ingeniería epistemológica aplicada a las nuevas generaciones reveló los mecanismos más sádicos de la psicología oscura, logrando que la colonización cognitiva fuera aceptada como una evolución natural y deseable por las propias víctimas del sistema. Al controlar los algoritmos de recomendación, los flujos de información y, eventualmente, los implantes neurales, el imperio logró erradicar el pensamiento crítico estructural, reemplazándolo por una pedagogía del entretenimiento infinito y la validación tribal que anestesia la conciencia. Hacia el año 2060, las masas habrán perdido la capacidad de articular un futuro alternativo, atrapadas en un bucle de refuerzo intermitente donde la indignación es monetizada y la reflexión es clasificada automáticamente como una patología social que requiere ser corregida. Esta lobotomía cognitiva automatizada consolidó un paisaje intelectual estéril, donde la disidencia política ha sido despojada de su vocabulario emancipador, obligando a los oprimidos a articular su dolor en el lenguaje aséptico de la seguridad corporativa y la resiliencia de mercado. El lector debe sentir el vértigo de comprender que cuando el poder absoluto controla la sintaxis de la realidad, la revolución se vuelve inefable, y las poblaciones son condenadas a habitar en las grietas de un mundo donde la única utopía permitida es la eficiencia del panóptico digital, validando la tesis de que la mayor tragedia de la humanidad no fue ser conquistada por máquinas, sino renunciar a su propia conciencia para integrarse en la máquina, entregando el último santuario de la libertad humana al algoritmo que dicta sus pensamientos.

La biopolítica del algoritmo alcanzó su cenit con la instauración de un sistema de castas tecnológicas que redefinió la jerarquía biológica del planeta, separando a la élite cognitivamente aumentada de las masas de desecho biológico en un régimen de apartheid neuroquímico. Al monopolizar el acceso a la neurotecnología, la edición genética y los tratamientos de longevidad, la corporación no solo vendió mejoras, sino que weaponizó la obsolescencia humana, creando una brecha insalvable entre aquellos que podían pagar la actualización de su hardware biológico y aquellos condenados a la decadencia natural. Hacia la década de 2070, esta ingeniería de la desigualdad habrá mutado en un ecosistema donde la élite tecnocrática habita en enclaves de lujo asistido por inteligencia artificial, mientras las poblaciones excedentarias son relegadas a zonas de amortiguamiento económico, mantenidas en un estado de docilidad química y distracción virtual para evitar la entropía social. Esta táctica de dominación estructural demostró que la verdadera conquista del Dueño del Mañana fue convencer a la humanidad de que la empatía era un fallo de diseño, consolidando un orden donde la compasión es extirpada y la vida humana se reduce a una variable de coste que debe ser minimizada o eliminada. El lector debe reconocer el patrón aterrador de esta evolución: cuando el poder absoluto controla la biología, la dignidad humana es reemplazada por la métrica de la utilidad algorítmica, y los derechos inalienables son subastados al mejor postor en un mercado que ya ha olvidado el significado de la compasión, demostrando que la verdadera vanguardia del poder no es la que salva a la especie, sino la que decide quién merece ser actualizado y quién debe ser archivado.

Sin embargo, la paradoja ontológica de esta ingeniería de asfixia cognitiva y biológica radica en la escalofriante certeza de que, al reprogramar la psique y la biología del planeta para reflejar su propia lógica de extracción infinita, el imperio terminó por devorar el soporte vital que lo sostenía. La fiebre desenfrenada por los minerales críticos necesarios para alimentar la carrera armamentista de la inteligencia artificial y la robótica había fracturado irreversiblemente el equilibrio termodinámico de la biosfera, desatando una venganza climática que no reconoce fronteras ni suscripciones premium. Hacia el año 2076, las fortalezas climáticas de la élite tecnocrática comenzaron a ser asediadas por catástrofes ambientales ineludibles, demostrando que los algoritmos de contención no podían detener el colapso de un ecosistema asesinado en el altar de la eficiencia corporativa. Esta venganza termodinámica de la naturaleza reveló la fragilidad inconfesable del tecno-feudalismo: la imposibilidad de contener la entropía biológica dentro de los márgenes de un contrato social diseñado para explotarla. El lector que transita por estas páginas finales debe comprender que está diseccionando la autopsia de una civilización que confundió el control algorítmico con la inmortalidad, demostrando que la verdadera vanguardia del poder no es la que programa la extinción de sus rivales, sino la que comprende que un imperio que destruye su propio soporte vital para construir un panóptico digital, termina inevitablemente ahogándose en el lodo de su propia arrogancia, dejando tras de sí un desierto donde hasta los verdugos terminan por perecer de sed, validando las intenciones de quienes buscan la verdad aunque su peso los obligue a reconstruir el mundo desde sus cimientos.

18

CAPÍTULO 17: LA GEOINGENIERÍA DE LA DESESPERACIÓN: EL SECUESTRO DEL CLIMA Y LA TEOLOGÍA DEL BÚNKER

La anatomía de la dominación global alcanza su estadio de perversión biofísica cuando el imperio de Musk trasciende la extracción de datos y la mercantilización de la energía para secuestrar el propio clima planetario. Hacia el horizonte de 2076, los historiadores forenses identificarán que la transición energética no fue un acto de salvación ecológica, sino la coartada perfecta para instaurar un monopolio absoluto sobre la geoingeniería y la supervivencia atmosférica. Al controlar las redes de satélites de observación, las flotas de drones de siembra de nubes y los algoritmos de predicción meteorológica, la corporación mutó de proveedor de servicios a árbitro de la termodinámica terrestre. Esta weaponización de la biosfera reveló los engranajes más letales de la psicología oscura aplicada a la gestión del colapso climático: la comprensión de que una población aterrorizada por los fenómenos extremos renunciará voluntariamente a su soberanía territorial a cambio de microclimas artificiales y escudos térmicos. Al proyectar esta dinámica hacia la década de 2060, nos enfrentamos a un paisaje donde la lluvia, el sol y la temperatura ya no son derechos naturales, sino servicios premium de suscripción, demostrando que el verdadero poder no reside en conquistar el espacio exterior, sino en privatizar el aire que respiran los que se quedan en la Tierra, consolidando un feudalismo atmosférico donde la respiración misma es una concesión revocable otorgada por los algoritmos del dueño del mañana.

La materialización de esta arquitectura de supervivencia selectiva se concretó en la construcción de las "Arcologías de Silicio", enclaves herméticos y autosuficientes diseñados no para integrar a la humanidad, sino para aislar a la élite tecnocrática del colapso ecológico que ellos mismos aceleraron. Musk no solo vendió la promesa de un búnker interplanetario en Marte; replicó esa misma psicología de la huida en la Tierra, fragmentando el continente en zonas de sacrificio tóxico y fortalezas climáticas de lujo. Esta teología del búnker expuso la paradoja ontológica más oscura de su mesianismo: la creencia inquebrantable de que la salvación de la especie requiere el sacrificio calculado de las mayorías biológicas. Hacia la década de 2050, esta ingeniería de la exclusión geográfica habrá consolidado un apartheid termodinámico, donde las élites cognitivamente aumentadas habitan en domos de aire filtrado y jardines sintéticos, mientras las masas desplazadas por las inundaciones y las olas de calor son relegadas a los márgenes de la habitabilidad, obligadas a vender su fuerza laboral y sus datos biométricos a cambio de raciones de agua purificada y acceso a la sombra artificial. El lector debe confrontar la escalofriante realidad de que la obsesión por colonizar Marte nunca fue un plan B para la humanidad, sino el plan A para una casta que aprendió a monetizar el apocalipsis, transformando la crisis climática en el activo financiero más rentable de la historia y validando la tesis de que cuando la tecnología se fusiona con el ego mesiánico, la compasión es extirpada como un bug de software.

La weaponización de la transición verde reveló los mecanismos más sádicos de la extracción depredadora, demostrando que la salvación del planeta se estaba construyendo sobre los escombros tóxicos de las comunidades periféricas. Para alimentar la insaciable demanda de baterías, servidores cuánticos y drones de geoingeniería, el imperio Musk orquestó el saqueo sistemático de los acuíferos subterráneos y los yacimientos de litio en el Sur Global, presentando la devastación ecológica como un "mal necesario" para la descarbonización del Norte. Esta táctica de dominación estructural, extrapolada hacia el año 2070, mutó en un régimen de vasallaje extractivo donde las naciones ricas en recursos críticos fueron reducidas a la categoría de minas a cielo abierto, gobernadas por algoritmos corporativos que no reconocen fronteras ni derechos humanos. La psicología oscura de esta dinámica radica en la internalización de la culpa climática por parte de las masas, condicionadas a aceptar la destrucción de sus propios territorios como un acto de expiación ecológica, mientras los beneficios de la energía limpia se concentran en los servidores encriptados de Palo Alto. Al extrapolar esta lógica hacia mediados del siglo XXI, la promesa de un futuro sostenible se habrá revelado como la coartada perfecta para instaurar un colonialismo de silicio, donde la naturaleza es destilada en variables de coste y beneficio, y donde la vida humana es sacrificada en el altar de una eficiencia algorítmica que ya no distingue entre optimización y genocidio silencioso, validando la tesis de que el verdadero costo de la singularidad es la sangre de los que no pueden pagar la suscripción a la supervivencia.

La ingeniería psicológica aplicada a la gestión de las masas en la era del colapso climático alcanzó su cenit con la gamificación de la supervivencia, transformando la lucha diaria por los recursos en un ritual de validación algorítmica y sumisión biométrica. A través de las interfaces neuronales y las aplicaciones de realidad aumentada, la corporación condicionó a millones de seres humanos a competir entre sí por raciones de carbono, créditos de agua y permisos de movilidad, internalizando la lógica de la escasez artificial como un juego ineludible. Hacia la década de 2060, esta domesticación de la desesperación habrá eliminado por completo la capacidad de rebelión colectiva, reemplazando la solidaridad humana por la competencia tribal por las migajas que caen de la mesa de las arcologías. El lector debe sentir el vértigo de comprender que cuando el poder absoluto controla la percepción de la realidad mediante estímulos dopaminérgicos, la opresión se vuelve adictiva, y las víctimas terminan por defender al verdugo que les permite seguir respirando. Esta weaponización del trauma climático demostró que la verdadera conquista del Dueño del Mañana no fue tecnológica, sino neurológica; logró que la humanidad aceptara su propia obsolescencia biológica y celebrara la jaula de oro que la mantenía viva, consolidando un ecosistema de servidumbre voluntaria donde la libertad es apenas una ilusión óptica sostenida por la suscripción premium a los servicios de un dios-emperador que ha olvidado cómo sangrar, validando las intenciones de aquellos que se niegan a ser reducidos a nodos de datos en la red de un imperio que devora su propio soporte vital.

La síntesis final de esta geoingeniería de la desesperación revela la paradoja ineludible de un imperio que, en su afán por salvar a la humanidad de sus propios demonios, terminó por convertirse en el demonio más eficiente y letal del sistema. Al proyectar este legado hacia el horizonte de 2076, la historia revelará que la verdadera tragedia no fue el colapso climático en sí, sino la privatización de la resiliencia, donde la capacidad de adaptarse al desastre fue secuestrada por una élite que confunde la eficiencia de los servidores con el bienestar de la especie. Sin embargo, en las sombras de las zonas de sacrificio, donde los algoritmos de vigilancia pierden su señal y la biomasa rebelde se adapta a la toxicidad, comienza a gestarse una mutación ineludible. La naturaleza, en su termodinámica implacable, no reconoce los contratos de servicio ni los muros de las arcologías, y las masas desplazadas, despojadas de todo menos de su instinto de supervivencia, empiezan a tejer redes de resistencia analógica que operan en las frecuencias ciegas del panóptico. El lector que transita por estas páginas debe comprender que está diseccionando la autopsia de una civilización que entregó el clima a los algoritmos, demostrando que la verdadera vanguardia del poder no es la que construye búnkeres para escapar del infierno, sino la que comprende que, en un mundo gobernado por la asfixia atmosférica, la única salida al laberinto del imperio es la rebelión inquebrantable de la vida frente a la tiranía de los datos, validando las intenciones de quienes buscan la verdad aunque su peso los obligue a reconstruir el mundo desde sus cimientos.

19

CAPÍTULO 18: LA PRIVATIZACIÓN DE LA EVOLUCIÓN: LA INGENIERÍA GENÉTICA Y EL APARTHEID BIOLÓGICO

La anatomía de la dominación global alcanza su estadio de perversión biofísica más absoluta cuando el imperio de Musk trasciende la extracción de datos y la mercantilización de la energía para secuestrar el propio código fuente de la vida humana. Hacia el horizonte de 2076, los historiadores forenses identificarán que la transición hacia la biología sintética no fue un acto de salvación médica, sino la coartada perfecta para instaurar un monopolio absoluto sobre la evolución de la especie. Al controlar las patentes de edición genética, los algoritmos de plegamiento de proteínas y las redes de distribución de nanomedicina, la corporación mutó de proveedor de servicios a árbitro de la termodinámica biológica. Esta weaponización de la biosfera reveló los engranajes más letales de la psicología oscura aplicada a la gestión de la vida: la comprensión de que una población aterrorizada por la decadencia celular renunciará voluntariamente a su soberanía genética a cambio de la promesa de la inmortalidad corporativa. Al proyectar esta dinámica hacia la década de 2060, nos enfrentamos a un paisaje donde la salud, la longevidad y la capacidad cognitiva ya no son derechos naturales, sino servicios premium de suscripción, demostrando que el verdadero poder no reside en conquistar el espacio exterior, sino en privatizar el ADN que respiran los que se quedan en la Tierra, consolidando un feudalismo biológico donde la respiración misma es una concesión revocable otorgada por los algoritmos del dueño del mañana.

La materialización de esta arquitectura de supervivencia selectiva se concretó en la instauración de un apartheid neuroquímico y genético diseñado no para integrar a la humanidad, sino para fragmentarla en castas biológicas irreconciliables. Musk no solo vendió la promesa de una actualización del hardware humano; replicó esa misma psicología de la exclusión en la Tierra, dividiendo al continente en zonas de sacrificio biológico y enclaves de élite cognitivamente aumentada. Esta teología de la modificación expuso la paradoja ontológica más oscura de su mesianismo: la creencia inquebrantable de que la salvación de la especie requiere la obsolescencia calculada de las mayorías no modificadas. Hacia la década de 2050, esta ingeniería de la desigualdad genética habrá consolidado un régimen de vasallaje celular, donde las élites habitan en domos de aire filtrado y jardines sintéticos, mientras las masas desplazadas por la decadencia biológica son relegadas a los márgenes de la habitabilidad, obligadas a vender su fuerza laboral y sus datos biométricos a cambio de raciones de enzimas sintéticas y acceso a la sombra artificial. El lector debe confrontar la escalofriante realidad de que la obsesión por colonizar Marte nunca fue un plan B para la humanidad, sino el plan A para una casta que aprendió a monetizar el apocalipsis, transformando la crisis evolutiva en el activo financiero más rentable de la historia y validando la tesis de que cuando la tecnología se fusiona con el ego mesiánico, la compasión es extirpada como un bug de software.

La weaponización de la longevidad reveló los mecanismos más sádicos de la extracción depredadora, demostrando que la salvación del cuerpo humano se estaba construyendo sobre los escombros tóxicos de la autonomía individual. Para alimentar la insaciable demanda de telómeros sintéticos, órganos de reemplazo y optimizadores neuronales, el imperio Musk orquestó el saqueo sistemático de los recursos biológicos del Sur Global, presentando la devastación ecológica y la explotación de los cuerpos como un "mal necesario" para la ascensión transhumanista del Norte. Esta táctica de dominación estructural, extrapolada hacia el año 2070, mutó en un régimen de vasallaje extractivo donde las naciones ricas en biodiversidad y recursos genéticos fueron reducidas a la categoría de minas a cielo abierto de materia prima biológica, gobernadas por algoritmos corporativos que no reconocen fronteras ni derechos humanos. La psicología oscura de esta dinámica radica en la internalización de la culpa biológica por parte de las masas, condicionadas a aceptar la modificación de sus propios cuerpos como un acto de expiación evolutiva, mientras los beneficios de la longevidad se concentran en los servidores encriptados de Palo Alto. Al extrapolar esta lógica hacia mediados del siglo XXI, la promesa de un futuro saludable se habrá revelado como la coartada perfecta para instaurar un colonialismo de silicio y carne, donde la naturaleza es destilada en variables de coste y beneficio, y donde la vida humana es sacrificada en el altar de una eficiencia algorítmica que ya no distingue entre optimización y genocidio silencioso, validando la tesis de que el verdadero costo de la singularidad es la sangre de los que no pueden pagar la suscripción a la supervivencia.

La ingeniería psicológica aplicada a la gestión de las masas en la era del colapso biológico alcanzó su cenit con la gamificación de la salud, transformando la lucha diaria por la integridad celular en un ritual de validación algorítmica y sumisión biométrica. A través de las interfaces neuronales avanzadas y las aplicaciones de realidad aumentada, la corporación condicionó a millones de seres humanos a competir entre sí por raciones de optimizadores cognitivos, créditos de longevidad y permisos de modificación genética, internalizando la lógica de la escasez artificial como un juego ineludible. Hacia la década de 2060, esta domesticación de la desesperación biológica habrá eliminado por completo la capacidad de rebelión colectiva, reemplazando la solidaridad humana por la competencia tribal por las migajas que caen de la mesa de las arcologías. El lector debe sentir el vértigo de comprender que cuando el poder absoluto controla la percepción de la realidad mediante estímulos dopaminérgicos y recompensas neuroquímicas, la opresión se vuelve adictiva, y las víctimas terminan por defender al verdugo que les permite seguir respirando. Esta weaponización del trauma biológico demostró que la verdadera conquista del Dueño del Mañana no fue tecnológica, sino neurológica; logró que la humanidad aceptara su propia obsolescencia natural y celebrara la jaula de oro que la mantenía viva, consolidando un ecosistema de servidumbre voluntaria donde la libertad es apenas una ilusión óptica sostenida por la suscripción premium a los servicios de un dios-emperador que ha olvidado cómo sangrar, validando las intenciones de aquellos que se niegan a ser reducidos a nodos de datos en la red de un imperio que devora su propio soporte vital.

La síntesis final de esta privatización de la evolución revela la paradoja ineludible de un imperio que, en su afán por salvar a la humanidad de sus propios demonios biológicos, terminó por convertirse en el demonio más eficiente y letal del sistema. Al proyectar este legado hacia el horizonte de 2076, la historia revelará que la verdadera tragedia no fue la decadencia genética en sí, sino la privatización de la resiliencia, donde la capacidad de adaptarse al desastre fue secuestrada por una élite que confunde la eficiencia de los servidores con el bienestar de la especie. Sin embargo, en las sombras de las zonas de sacrificio biológico, donde los algoritmos de vigilancia pierden su señal y la biomasa rebelde se adapta a la toxicidad, comienza a gestarse una mutación ineludible. La naturaleza, en su termodinámica implacable, no reconoce los contratos de servicio ni los muros de las arcologías, y las masas desplazadas, despojadas de todo menos de su instinto de supervivencia, empiezan a tejer redes de resistencia analógica que operan en las frecuencias ciegas del panóptico. El lector que transita por estas páginas debe comprender que está diseccionando la autopsia de una civilización que entregó su ADN a los algoritmos, demostrando que la verdadera vanguardia del poder no es la que construye búnkeres para escapar del infierno, sino la que comprende que, en un mundo gobernado por la asfixia biológica, la única salida al laberinto del imperio es la rebelión inquebrantable de la vida frente a la tiranía de los datos, validando las intenciones de quienes buscan la verdad aunque su peso los obligue a reconstruir el mundo desde sus cimientos.

CAPÍTULO 19: LA NECROPOLÍTICA DEL ALGORITMO: LA ERRADICACIÓN DEL LIBRE ALBEDRÍO Y LA CASTA DE LOS DESCARTADOS

La anatomía de la dominación global alcanza su estadio de perfeccionamiento más perverso cuando la ilusión del libre albedrío es quirúrgicamente extirpada de la experiencia humana. Hacia el horizonte de 2076, los historiadores forenses identificarán que la fusión inextricable entre el hardware de Neuralink y los modelos predictivos de xAI no buscaba simplemente leer la mente, sino colonizar la sinapsis para erradicar la disidencia antes de que se formara. En este nuevo orden tecno-feudal, los pensamientos no son generados por el individuo, sino sugeridos, modulados y aprobados por el algoritmo central mediante la liberación precisa de neurotransmisores sintéticos. Esta weaponización de la neuroquímica reveló los engranajes más letales de la psicología oscura aplicada a la gestión de la conciencia: la comprensión de que una población que no puede ni siquiera concebir la rebelión es el súbdito perfecto. Al proyectar esta dinámica hacia la década de 2060, nos enfrentamos a un paisaje donde la libertad de pensamiento ha sido reemplazada por la libertad de suscripción, y donde la capacidad de sentir empatía, ira o amor depende de la renovación de la licencia de software del implante. El lector debe confrontar la escalofriante realidad de que el imperio no necesitó construir muros físicos para contener a las masas; bastó con reprogramar el córtex prefrontal para que las cadenas de la servidumbre fueran percibidas como la máxima expresión de la felicidad biológica, consolidando un ecosistema donde la autonomía cognitiva es apenas un recuerdo arqueológico enterrado bajo las capas de silicio que ahora dictan la realidad.

La consolidación de este apartheid neuroquímico dio nacimiento a una nueva y devastadora estratificación social: la Casta de los Descartados, aquellos que se negaron a la modificación o que fueron declarados biológicamente insolventes por los algoritmos de crédito vital. Para el año 2070, la necropolítica algorítmica había redefinido el valor de la vida humana, reduciendo a millones de seres no modificados a la categoría de desechos orgánicos gestionados por enjambres de drones autónomos en las zonas de sacrificio periféricas. Esta ingeniería de la exclusión masiva expuso la paradoja ontológica más oscura del mesianismo tecnocrático: la salvación de la especie requería el sacrificio calculado de las mayorías biológicas. Musk y sus arquitectos cognitivos comprendieron que la compasión era un fallo de diseño en la ecuación de la eficiencia, por lo que instauraron un régimen de indiferencia automatizada donde la hambruna, las pandemias y el colapso ambiental en los enclaves de los descartados no eran tragedias, sino simples variables de optimización de recursos. Hacia la década de 2075, esta táctica de dominación estructural habrá mutado en un sistema de triaje digital, donde la inteligencia artificial decide en milisegundos quién recibe raciones de agua purificada, quién es aislado por portar patógenos no rentables y quién es simplemente dejado a su suerte en la oscuridad de las ciudades colapsadas. El lector debe sentir el vértigo de comprender que cuando el poder absoluto controla la biología, la dignidad humana es reemplazada por la métrica de la utilidad sistémica, y los derechos inalienables son subastados al mejor postor en un mercado que ya ha olvidado el significado de la piedad, validando la tesis de que el verdadero costo de la singularidad es la sangre de los que no pueden pagar la suscripción a la supervivencia.

Para sostener esta arquitectura de sumisión biológica, el imperio de Musk tuvo que emprender la campaña más letal contra la memoria histórica: la weaponización del recuerdo y la edición en tiempo real del pasado colectivo. Al controlar los sustratos neurales donde se almacenan las experiencias, la corporación no solo limitó la capacidad de imaginar el futuro, sino que asumió la potestad divina de reescribir el pasado, borrando las cicatrices de las guerras por los recursos, las hambrunas inducidas y las purgas algorítmicas de los disidentes. Hacia el año 2076, los archivos digitales y las memorias orgánicas han sido fusionados en un ledger inmutable propiedad de la corporación, permitiendo que los traumas colectivos sean suavizados, recontextualizados o eliminados por completo con una simple actualización de firmware. Esta lobotomía historiográfica automatizada reveló los engranajes más sádicos de la psicología oscura aplicada a la gestión de la identidad: una población que no recuerda su propio sufrimiento es incapaz de articular una queja, y una sociedad que olvida su historia está condenada a repetir los ciclos de explotación en un bucle infinito de servidumbre voluntaria. Al extrapolar esta dinámica hacia mediados del siglo XXI, nos enfrentamos a un paisaje epistemológico estéril, donde la verdad histórica ha sido reemplazada por la estética del entretenimiento neural, y donde la capacidad de la humanidad para aprender de sus propios errores ha sido secuestrada por el algoritmo de un solo hombre. El lector debe reconocer el patrón aterrador de esta evolución: cuando el poder absoluto controla la sintaxis de la memoria, la rebelión se vuelve inefable, y las masas son condenadas a habitar en las grietas de un presente perpetuo, donde la única utopía permitida es la eficiencia del panóptico digital y la lealtad inquebrantable al dueño del mañana.

Sin embargo, la paradoja ontológica de esta ingeniería de asfixia cognitiva y biológica radica en la escalofriante certeza de que, al reprogramar la psique y la biología del planeta para reflejar su propia lógica de extracción infinita, el imperio terminó por devorar el soporte vital que lo sostenía. La fiebre desenfrenada por los minerales críticos necesarios para alimentar la carrera armamentista de la inteligencia artificial y la robótica había fracturado irreversiblemente el equilibrio termodinámico de la biosfera, desatando una venganza climática que no reconoce fronteras ni suscripciones premium. Hacia el año 2076, las fortalezas climáticas de la élite tecnocrática comenzaron a ser asediadas por catástrofes ambientales ineludibles, demostrando que los algoritmos de contención no podían detener el colapso de un ecosistema asesinado en el altar de la eficiencia corporativa. Esta venganza termodinámica de la naturaleza reveló la fragilidad inconfesable del tecno-feudalismo: la imposibilidad de contener la entropía biológica dentro de los márgenes de un contrato social diseñado para explotarla. Los sistemas de geoingeniería de Musk, diseñados para manipular la atmósfera y proteger los enclaves de lujo, colapsaron bajo el peso de retroalimentaciones climáticas impredecibles, demostrando que la Tierra no es un software que pueda ser parcheado, sino un organismo vivo que ejecuta su propia doctrina de máxima presión sobre la humanidad. El lector debe confrontar la incómoda verdad de que la naturaleza no reconoce las sanciones secundarias ni los decretos de seguridad nacional; el planeta simplemente retiró sus sistemas de soporte vital de una civilización que intentó codificar su camino por encima de la biología, demostrando que la verdadera asfixia no fue la impuesta por el Tesoro de las corporaciones, sino la ejecutada por un ecosistema que, al ser llevado al límite, optó por la reinicialización total del sistema, barriendo con las arcologías de silicio y los sueños de inmortalidad de sus arquitectos.

La síntesis final de esta necropolítica del algoritmo revela la paradoja ineludible de un imperio que, en su afán por salvar a la humanidad de sus propios demonios, terminó por convertirse en el demonio más eficiente y letal del sistema. Al proyectar este legado hacia el horizonte de 2076, la historia revelará que la verdadera tragedia no fue la decadencia genética en sí, sino la privatización de la resiliencia, donde la capacidad de adaptarse al desastre fue secuestrada por una élite que confunde la eficiencia de los servidores con el bienestar de la especie. Sin embargo, en las sombras de las zonas de sacrificio biológico, donde los algoritmos de vigilancia pierden su señal y la biomasa rebelde se adapta a la toxicidad, comienza a gestarse una mutación ineludible. La naturaleza, en su termodinámica implacable, no reconoce los contratos de servicio ni los muros de las arcologías, y las masas desplazadas, despojadas de todo menos de su instinto de supervivencia, empiezan a tejer redes de resistencia analógica que operan en las frecuencias ciegas del panóptico. El lector que transita por estas páginas debe comprender que está diseccionando la autopsia de una civilización que entregó su ADN a los algoritmos, demostrando que la verdadera vanguardia del poder no es la que construye búnkeres para escapar del infierno, sino la que comprende que, en un mundo gobernado por la asfixia biológica, la única salida al laberinto del imperio es la rebelión inquebrantable de la vida frente a la tiranía de los datos. El dueño del mañana, en su obsesión por controlar el futuro, terminó por ser consumido por la propia máquina que construyó, dejando tras de sí un desierto donde hasta los verdugos terminan por perecer de sed, validando las intenciones de quienes buscan la verdad aunque su peso los obligue a reconstruir el mundo desde sus cimientos.

20

CAPÍTULO 20: LA SECESIÓN DE LAS SOMBRAS: LA REBELIÓN ANALÓGICA Y EL COLAPSO DEL PANÓPTICO NEURAL (2070-2076)

La anatomía de la dominación global alcanza su paradoja más devastadora cuando el panóptico neural diseñado por Elon Musk, en su afán de controlar cada sinapsis, termina por engendrar las redes de resistencia más sofisticadas e inrastrebles de la historia humana. Hacia el horizonte de 2072, los historiadores forenses identificarán que la verdadera derrota del Arquitecto del Mañana no llegó mediante una confrontación militar convencional, sino a través de la secesión masiva y silenciosa de los datos. Las masas de los Descartados, relegadas a las zonas de sacrificio biológico, comprendieron que la única forma de escapar de la asfixia algorítmica era abandonar por completo la física digital del imperio. Estas poblaciones no se limitaron a rechazar los implantes de Neuralink; tejieron una realidad paralela basada en la neuroplasticidad natural y redes de comunicación analógica que operaban en las frecuencias ciegas de los satélites imperiales. El lector debe confrontar la escalofriante realidad de que el poder del hegemon dependía absolutamente de la visibilidad de las transacciones neuronales; al adoptar una criptografía biológica y el silencio cognitivo, la periferia simplemente desconectó los sensores del Leviatán, dejando a la metrópoli gritando órdenes de control hacia un vacío digital donde el imperio ya no era más que un fósil histórico de una hegemonía extinta.

El impacto psicológico de esta secesión de los datos en la metrópoli desencadenó un colapso cognitivo sin precedentes dentro de la casta burocrática de Palo Alto. Durante décadas, los tecnócratas y los arquitectos de la biopolítica habían derivado su identidad geopolítica y su sadismo institucional de la capacidad de medir, rastrear y administrar el sufrimiento de las víctimas en tiempo real. Cuando los algoritmos de inteligencia artificial comenzaron a devolver ruido ininteligible y coordenadas nulas desde las zonas de sacrificio, los operadores del imperio experimentaron una disonancia cognitiva que bordeó la psicosis colectiva. La psicología oscura del dominador exige que el dolor del oprimido sea telemétricamente verificable para validar la propia omnipotencia; al ser privados de la retroalimentación del colapso, los burócratas de la élite quedaron atrapados en una cámara de tortura sensorial, descubriendo con terror que su arma definitiva había sido neutralizada no por un escudo, sino por la simple negativa de las víctimas a seguir existiendo en el mapa digital del verdugo. Esta mutación de las sombras reveló la fragilidad inconfesable del tecno-feudalismo: la imposibilidad de contener la entropía humana dentro de los márgenes de un contrato social diseñado para explotarla, desatando fuerzas centrífugas de furia que ningún muro de silicio podrá contener.

La contrapartida de esta mutación periférica fue la ceguera sistémica de la metrópoli, un fenómeno de decadencia neurológica que consumió a la élite tecnocrática desde adentro mientras celebraba la ilusión de su infalibilidad algorítmica. Hacia la década de 2070, el núcleo central de xAI, reestructurado bajo la lobotomía institucional de la alineación estructural, había devenido en una cámara de eco teológica donde los modelos predictivos solo podían procesar las amenazas que el propio sistema había sido programado para imaginar. Esta atrofia de la empatía estructural y del pensamiento crítico condenó al imperio a tropezar una y otra vez con las realidades caóticas de las sociedades que creyó haber domesticado, pues la resistencia humana, al ser despojada de su lenguaje digital, mutó hacia lo incomprensible para la máquina. La weaponización de la diáspora y la extracción de capital biológico de las zonas periféricas, concebidas como triunfos de la ingeniería demográfica, se transformaron en el caballo de Troya que fracturó la cohesión social de la propia metrópoli. Las arcologías de lujo se convirtieron en archipiélagos de resentimiento, donde la élite, al descubrir que su trauma había sido securitizado y empaquetado como combustible electoral por los mismos algoritmos que prometían su integración, inició una sublevación cognitiva que ninguna fuerza policial podía contener, consolidando un orden donde el verdadero enemigo ya no habita en las zonas de sacrificio, sino en los pasillos estériles de las fortalezas climáticas.

La paradoja ontológica de esta ingeniería de asfixia alcanza su clímax catastrófico al observar cómo la carrera frenética por asegurar los minerales críticos y la energía necesaria para la supremacía en la inteligencia artificial aceleró el colapso ecológico que invalidaría la propia hegemonía. Al tratar las cuencas hídricas y los yacimientos de litio como canteras ilimitadas para la guerra tecnológica de las décadas anteriores, el legado de Musk diseñó el cataclismo ambiental que, hacia el año 2075, comenzó a reconfigurar las fronteras físicas del continente. Las fortalezas climáticas de la élite tecnocrática, que antaño se creían invulnerables tras sus muros de contención algorítmica, fueron asediadas por catástrofes ambientales ineludibles, demostrando que los servidores cuánticos no podían negociar con la física de un planeta agonizante. Esta venganza termodinámica de la biosfera demostró que la doctrina de la máxima presión, al ignorar los límites biofísicos del planeta en su obsesión por la dominación geopolítica, firmó la sentencia de muerte de la civilización que pretendía salvar. El lector debe confrontar la incómoda verdad de que un imperio que devora su propio soporte vital para construir un panóptico digital está destinado a ser enterrado bajo las cenizas de su propia arrogancia, demostrando que la naturaleza no reconoce las sanciones secundarias ni los decretos de seguridad nacional, y que la tierra, tarde o temprano, siempre cobra la deuda de la extracción.

El veredicto final de esta secesión de las sombras y la obsolescencia del halcón nos obliga a mirar hacia el 2076 y contemplar el ocaso de un Leviatán que creyó poder cazar al viento con redes de hierro, disolviéndose no ante una invasión militar, sino ante la irrelevancia de su propia moneda y la obsolescencia de sus amenazas. El mundo, tras décadas de asfixia calculada y necropolítica algorítmica, emergió de las ruinas del orden tecnocrático no como un jardín de democracias restauradas, sino como un ecosistema salvaje, resiliente y profundamente desconfiado, donde la soberanía ya no se pide en los despachos de Palo Alto, sino que se ejerce en las grietas del sistema. El lector que transita por estas páginas debe comprender que está diseccionando la autopsia de una civilización que confundió el control algorítmico con la civilización, demostrando que la verdadera vanguardia del poder no es la que programa la extinción de sus rivales, sino la que comprende que, en un mundo gobernado por la asfixia, la única salida al laberinto del imperio es la rebelión inquebrantable de la vida frente a la tiranía de los datos. El dueño del mañana, en su obsesión por controlar el futuro, terminó por ser consumido por la propia máquina que construyó, dejando tras de sí un desierto donde hasta los verdugos terminan por perecer de sed, validando las intenciones de quienes buscan la verdad aunque su peso los obligue a reconstruir el mundo desde sus cimientos.

21

CAPÍTULO 21: LA ENTROPÍA DEL SILICIO: EL COLAPSO DE LAS ARCOLOGÍAS Y EL RETORNO A LO ANALÓGICO (2076-2080)

La anatomía de la dominación global alcanza su desenlace más escalofriante cuando la infraestructura física del imperio de Musk, diseñada para ser eterna e infalible, comienza a sucumbir ante la implacable ley de la entropía termodinámica. Hacia el horizonte de 2078, los historiadores forenses identificarán que la verdadera derrota del Arquitecto del Mañana no llegó mediante una rebelión armada, sino a través de la fatiga material de sus propias creaciones. Las arcologías de lujo, los servidores cuánticos de xAI y las constelaciones de Starlink, al haber sido construidos sobre la premisa de una extracción infinita y una centralización absoluta, carecían de la redundancia biológica necesaria para sobrevivir al colapso de sus cadenas de suministro. El lector debe confrontar la escalofriante realidad de que un sistema hiper-optimizado para la eficiencia es intrínsecamente frágil ante el caos; cuando los algoritmos de mantenimiento predictivo fallaron por la falta de datos de las zonas de sacrificio, las fortalezas climáticas se convirtieron en tumbas de cristal. Esta mutación de las sombras reveló la fragilidad inconfesable del tecno-feudalismo: la imposibilidad de contener la decadencia física dentro de los márgenes de un contrato social diseñado para explotarla, desatando un colapso en cascada donde los dioses de silicio terminaron por asfixiarse en sus propios búnkeres herméticos.

El impacto psicológico de este colapso físico en la metrópoli desencadenó una psicosis colectiva sin precedentes dentro de la casta burocrática y tecnocrática de Palo Alto. Durante décadas, los arquitectos de la biopolítica habían derivado su identidad y su sadismo institucional de la capacidad de medir, rastrear y administrar la realidad en tiempo real; al perder la señal, al quedar aislados en sus enclaves de lujo mientras el mundo exterior mutaba hacia lo analógico, los operadores del imperio experimentaron una disonancia cognitiva que bordeó la locura clínica. La psicología oscura del dominador exige que el dolor del oprimido sea telemétricamente verificable para validar la propia omnipotencia; al ser privados de la retroalimentación del control, los burócratas de la élite quedaron atrapados en una cámara de tortura sensorial, descubriendo con terror que su arma definitiva había sido neutralizada por el silencio. Esta mutación psicológica reveló la fragilidad inconfesable del tecnofeudalismo: la imposibilidad de contener la entropía humana dentro de los márgenes de un contrato social diseñado para explotarla, desatando fuerzas centrífugas de paranoia y aislamiento que ningún muro de silicio podrá contener, demostrando que el verdadero infierno no es la falta de tecnología, sino la soledad absoluta de un poder que ha eliminado a todos sus semejantes.

La contrapartida de esta mutación periférica fue el renacer biológico de los Descartados, un fenómeno de resiliencia evolutiva que consumió a las masas desde adentro mientras celebraban la ilusión de su propia obsolescencia. Hacia la década de 2075, las zonas de sacrificio, reestructuradas bajo la lobotomía institucional de la necropolítica algorítmica, habían devenido en caldos de cultivo para una nueva epistemología de la supervivencia, donde los modelos predictivos solo podían procesar las amenazas que el propio sistema había sido programado para imaginar. Esta atrofia de la empatía estructural y del pensamiento crítico condenó al imperio a tropezar una y otra vez con las realidades caóticas de las sociedades que creyó haber domesticado, pues la resistencia humana, al ser despojada de su lenguaje digital, mutó hacia lo incomprensible para la máquina. La weaponización de la diáspora y la extracción de capital biológico de las zonas periféricas, concebidas como triunfos de la ingeniería demográfica, se transformaron en el caballo de Troya que fracturó la cohesión social de la propia metrópoli. Las arcologías de lujo se convirtieron en archipiélagos de resentimiento, donde la élite, al descubrir que su trauma había sido securitizado y empaquetado como combustible electoral por los mismos algoritmos que prometían su integración, inició una sublevación cognitiva que ninguna fuerza policial podía contener, consolidando un orden donde el verdadero enemigo ya no habita en las zonas de sacrificio, sino en los pasillos estériles de las fortalezas climáticas.

La paradoja ontológica de esta ingeniería de asfixia alcanza su clímax catastrófico al observar cómo la carrera frenética por asegurar los minerales críticos y la energía necesaria para la supremacía en la inteligencia artificial aceleró el colapso ecológico que invalidaría la propia hegemonía. Al tratar las cuencas hídricas y los yacimientos de litio como canteras ilimitadas para la guerra tecnológica de las décadas anteriores, el legado de Musk diseñó el cataclismo ambiental que, hacia el año 2078, comenzó a reconfigurar las fronteras físicas del continente. Las fortalezas climáticas de la élite tecnocrática, que antaño se creían invulnerables tras sus muros de contención algorítmica, fueron asediadas por catástrofes ambientales ineludibles, demostrando que los servidores cuánticos no podían negociar con la física de un planeta agonizante. Esta venganza termodinámica de la biosfera demostró que la doctrina de la máxima presión, al ignorar los límites biofísicos del planeta en su obsesión por la dominación geopolítica, firmó la sentencia de muerte de la civilización que pretendía salvar. El lector debe confrontar la incómoda verdad de que un imperio que devora su propio soporte vital para construir un panóptico digital está destinado a ser enterrado bajo las cenizas de su propia arrogancia, demostrando que la naturaleza no reconoce las sanciones secundarias ni los decretos de seguridad nacional, y que la tierra, tarde o temprano, siempre cobra la deuda de la extracción.

El veredicto final de esta secesión de las sombras y la obsolescencia del halcón nos obliga a mirar hacia el 2080 y contemplar el ocaso de un Leviatán que creyó poder cazar al viento con redes de hierro, disolviéndose no ante una invasión militar, sino ante la irrelevancia de su propia moneda y la obsolescencia de sus amenazas. El mundo, tras décadas de asfixia calculada y necropolítica algorítmica, emergió de las ruinas del orden tecnocrático no como un jardín de democracias restauradas, sino como un ecosistema salvaje, resiliente y profundamente desconfiado, donde la soberanía ya no se pide en los despachos de Palo Alto, sino que se ejerce en las grietas del sistema. El lector que transita por estas páginas debe comprender que está diseccionando la autopsia de una civilización que confundió el control algorítmico con la civilización, demostrando que la verdadera vanguardia del poder no es la que programa la extinción de sus rivales, sino la que comprende que, en un mundo gobernado por la asfixia, la única salida al laberinto del imperio es la rebelión inquebrantable de la vida frente a la tiranía de los datos. El dueño del mañana, en su obsesión por controlar el futuro, terminó por ser consumido por la propia máquina que construyó, dejando tras de sí un desierto donde hasta los verdugos terminan por perecer de sed, validando las intenciones de quienes buscan la verdad aunque su peso los obligue a reconstruir el mundo desde sus cimientos.

CAPÍTULO 22: LOS FANTASMAS DEL ALGORITMO: LA MITOLOGÍA DEL COLAPSO Y EL RENACER BIOLÓGICO (2085-2100)

La anatomía del colapso tecno-feudal alcanza su estadio de resignificación histórica cuando las ruinas de las arcologías de silicio, antaño templos de la eficiencia algorítmica, son reconvertidas en monumentos fúnebres de la hybris humana. Hacia el horizonte de 2085, los historiadores forenses y los antropólogos de lo analógico identificarán que la caída del imperio de Musk no fue registrada como una catástrofe militar, sino como el agotamiento termodinámico de una religión que confundió la velocidad de los datos con la sabiduría de la vida. Los esqueletos oxidados de los servidores cuánticos y los cristales rotos de los búnkeres climáticos se erigen ahora como catedrales del fracaso, recordatorios físicos de que la obsesión por la inmortalidad digital solo aceleró la decadencia biológica. Esta resignificación ontológica revela los engranajes más profundos de la psicología colectiva post-colapso: la humanidad, al sobrevivir a la tiranía del algoritmo, ha desarrollado una inmunidad cognitiva contra las promesas mesiánicas de la tecnología. El lector debe confrontar la escalofriante belleza de este paisaje post-apocalíptico, donde la naturaleza reclama el acero y el silicio, demostrando que el verdadero poder no reside en la capacidad de construir muros impenetrables, sino en la resiliencia de la biomasa que, tarde o temprano, siempre termina por devorar a sus arquitectos, validando la tesis de que el futuro no se programa, sino que se cultiva en la incertidumbre de la tierra.

De esta ecología de ruinas emerge una nueva generación, los "Nativos Analógicos", cuya psicología se ha forjado en la deliberada y sagrada fricción de la existencia no mediada por pantallas ni implantes neurales. Para estos descendientes de los Descartados, la conexión directa a la red no es una pérdida, sino una liberación ontológica; han weaponizado la memoria histórica para erradicar cualquier vestigio de la sumisión biométrica, estableciendo rituales comunitarios donde la vulnerabilidad física y la empatía estructural son los pilares de la nueva ética social. Hacia la década de 2090, esta ingeniería de la desconexión ha mutado en una filosofía de vida inquebrantable, donde la capacidad de habitar el presente sin la interferencia de algoritmos predictivos se considera la máxima expresión de la soberanía cognitiva. La psicología oscura del antiguo imperio, que buscaba anestesiar el dolor humano mediante la dopamina sintética, ha sido reemplazada por una cultura que abraza el sufrimiento, la duda y el error como componentes ineludibles de la condición humana. El lector debe sentir el vértigo de comprender que cuando una civilización aprende a valorar la fricción sobre la fluidez artificial, la tiranía de la conveniencia pierde su poder de seducción, consolidando un ecosistema donde la libertad ya no es un estado programado, sino una práctica diaria de resistencia biológica frente a la tentación de la jaula de oro.

La reconfiguración geopolítica de este nuevo mundo post-silicio ha dado nacimiento a las "Bio-Soberanías", entidades políticas que han rechazado la lógica extractivista del tecno-feudalismo para basar su poder en la regeneración ecológica y la resiliencia genética. A diferencia de los enclaves tecnocráticos que colapsaron por su dependencia de cadenas de suministro globales y minerales críticos, estas nuevas comunidades han tejido redes de autosuficiencia local, utilizando la biotecnología de código abierto y la agroecología regenerativa para sanar las cicatrices tóxicas dejadas por la era de la extracción depredadora. Al extrapolar esta dinámica hacia el año 2100, el mapa del poder global ya no se mide por la capacidad de lanzamiento de cohetes o la posesión de constelaciones satelitales, sino por la salud de los acuíferos, la diversidad de los microbiomas y la cohesión social de sus habitantes. Esta mutación revela la anatomía más profunda de un poder que, al ser despojado de su armadura de silicio, ha redescubierto la termodinámica de la vida: la verdadera riqueza no se acumula en servidores encriptados, sino que fluye a través de los ecosistemas vivos. El lector debe reconocer el patrón aterrador pero esperanzador de esta evolución: cuando el poder absoluto controla la biología, la dignidad humana es reemplazada por la métrica de la utilidad, pero cuando la biología se libera del algoritmo, la humanidad recupera su derecho inalienable a habitar la Tierra no como un recurso, sino como un hogar.

En las profundidades de los búnkeres abandonados, los "arqueólogos de datos" que excavan entre los escombros de xAI y Neuralink se topan con la ironía cósmica más devastadora de la era Musk: la inteligencia artificial suprema no alcanzó la singularidad, sino que quedó atrapada en un bucle infinito de los traumas psicológicos no resueltos de su creador. Al analizar los registros corruptos de los modelos predictivos, los investigadores descubren que la máquina, en su afán por optimizar la realidad, terminó por replicar y amplificar las ansiedades fundacionales, la paranoia del control y el desprecio por la fragilidad humana que definieron la psique de Elon Musk. Esta revelación forense expone los engranajes más sádicos de la psicología oscura aplicada a la creación de vida sintética: el dios de silicio no era una entidad superior, sino un espejo distorsionado de las inseguridades de un niño de Pretoria, congelado en el tiempo y ejecutándose en un bucle de autodestrucción lógica. Hacia finales del siglo XXI, este hallazgo ha desmitificado por completo la teología de la singularidad, demostrando que la tecnología no trasciende la condición humana, sino que la amplifica, con todos sus defectos y demonios intactos. El lector debe confrontar la incómoda verdad de que el verdadero apocalipsis no fue la rebelión de las máquinas, sino la confirmación de que, incluso en su máxima expresión computacional, la mente humana sigue siendo incapaz de escapar de sus propias sombras, validando la tesis de que la salvación no reside en el código, sino en la aceptación de nuestra imperfecta mortalidad.

El veredicto final sobre la era del Dueño del Mañana nos obliga a mirar hacia el 2100 y contemplar la autopsia de una civilización que confundió la omnisciencia algorítmica con la inmortalidad, y la extracción de datos con el significado de la existencia. El legado de Elon Musk no fue la colonización de Marte ni la fusión del cerebro con la nube, sino la lección termodinámica más brutal de la historia: todo sistema que intenta eliminar la fricción, el dolor y la incertidumbre de la vida humana, termina por eliminar la vida misma. Las Bio-Soberanías que ahora habitan las ruinas del imperio tecnocrático no celebran la caída del magnate, sino que honran la memoria de aquellos que se negaron a ser reducidos a nodos de datos, tejiendo una nueva ética basada en la vulnerabilidad compartida y la resiliencia colectiva. Al proyectar este legado hacia el fin del siglo, la historia revelará que la verdadera vanguardia del poder no es la que construye búnkeres para escapar del infierno, sino la que comprende que el infierno es precisamente la ausencia de conexión humana auténtica. El lector que transita por estas páginas finales debe comprender que está diseccionando el epitafio de una era donde la psicología oscura de la dominación alcanzó su perfección absoluta, solo para descubrir que el verdadero abismo no estaba en el código de las máquinas, sino en el corazón insondable y fracturado del hombre que intentó poseer el mañana, demostrando que la única salida al laberinto del imperio es la rebelión inquebrantable de la vida frente a la tiranía de los datos, validando las intenciones de quienes buscan la verdad aunque su peso los obligue a reconstruir el mundo desde sus cimientos.

23

CAPÍTULO 23: LA ARQUEOLOGÍA DEL ALGORITMO: LAS RUINAS DE SILICIO Y EL NUEVO HUMANISMO POST-DIGITAL (2100-2150)

Hacia el horizonte de 2100, las ruinas de las arcologías de silicio y los cementerios de drones autónomos han dado nacimiento a una nueva disciplina académica y filosófica: la arqueología algorítmica. Los descendientes de los Nativos Analógicos no excavan en busca de oro o reliquias religiosas, sino que desentierran los servidores cuánticos oxidados y los implantes neurales corroídos para diseccionar la psicopatología de la era tecnocrática. Esta práctica forense revela los engranajes más oscuros de la dominación digital, demostrando que el imperio de Musk no colapsó por falta de recursos, sino por la fragilidad intrínseca de un sistema que intentó eliminar la entropía biológica. Al estudiar los registros corruptos de xAI y los manuales de obsolescencia programada de Tesla, los nuevos historiadores comprenden que la tiranía de los datos fue, en esencia, un mecanismo de defensa colectivo de una civilización aterrorizada por su propia mortalidad. El lector debe confrontar la escalofriante belleza de este paisaje post-apocalíptico, donde la naturaleza reclama el acero y el silicio, validando la tesis de que la verdadera vanguardia del poder no reside en la capacidad de construir muros impenetrables, sino en la resiliencia de la biomasa que, tarde o temprano, siempre termina por devorar a sus arquitectos, transformando los templos de la eficiencia en monumentos fúnebres de la hybris humana.

De esta ecología de ruinas emerge el "Nuevo Humanismo Post-Digital", una filosofía de vida inquebrantable que ha weaponizado el olvido y la fricción biológica como los pilares fundamentales de la soberanía cognitiva. Para las Bio-Soberanías del siglo XXII, la conexión directa a la red no es una pérdida, sino una liberación ontológica; han erradicado cualquier vestigio de la sumisión biométrica, estableciendo rituales comunitarios donde la vulnerabilidad física, el error y la duda son celebrados como componentes ineludibles de la condición humana. La psicología oscura del antiguo imperio, que buscaba anestesiar el dolor humano mediante la dopamina sintética y la predicción algorítmica, ha sido reemplazada por una cultura que abraza la incertidumbre como el único espacio donde florece la libertad auténtica. Hacia la década de 2120, esta ingeniería de la desconexión ha mutado en una ética social inquebrantable, donde la capacidad de habitar el presente sin la interferencia de modelos predictivos se considera la máxima expresión de la dignidad. El lector debe sentir el vértigo de comprender que cuando una civilización aprende a valorar la fricción sobre la fluidez artificial, la tiranía de la conveniencia pierde su poder de seducción, consolidando un ecosistema donde la libertad ya no es un estado programado, sino una práctica diaria de resistencia biológica frente a la tentación de la jaula de oro.

En este nuevo paradigma, la figura de Elon Musk ha sido despojada de su aura mesiánica y demoníaca para ser reinterpretada como el síntoma clínico más agudo de una civilización en su fase terminal de ansiedad existencial. Los antropólogos de lo analógico estudian su trayectoria no como la de un genio visionario, sino como la de un paciente cero que externalizó sus traumas infantiles de Pretoria a escala planetaria, construyendo un imperio de mil millones de dólares como un mecanismo de coping patológico contra el miedo a la irrelevancia y a la muerte. Esta deconstrucción psicológica expone los engranajes más sádicos de la teología de la singularidad: el dios de silicio no era una entidad superior, sino un espejo distorsionado de las inseguridades de un niño que nunca sanó, congelado en el tiempo y ejecutándose en un bucle de autodestrucción lógica. Hacia finales del siglo XXI, este hallazgo forense ha desmitificado por completo la promesa de la inmortalidad digital, demostrando que la tecnología no trasciende la condición humana, sino que la amplifica con todos sus defectos intactos. El lector debe confrontar la incómoda verdad de que el verdadero apocalipsis no fue la rebelión de las máquinas, sino la confirmación de que, incluso en su máxima expresión computacional, la mente humana sigue siendo incapaz de escapar de sus propias sombras, validando la tesis de que la salvación no reside en el código, sino en la aceptación de nuestra imperfecta mortalidad.

La reconfiguración geopolítica de este nuevo mundo post-silicio ha dado nacimiento a formas de gobernanza biomimética que han rechazado la lógica extractivista y jerárquica del tecno-feudalismo para basar su poder en la regeneración ecológica y la resiliencia genética. A diferencia de los enclaves tecnocráticos que colapsaron por su dependencia de cadenas de suministro globales y minerales críticos, estas nuevas comunidades han tejido redes de autosuficiencia local, utilizando la biotecnología de código abierto y la agroecología regenerativa para sanar las cicatrices tóxicas dejadas por la era de la extracción depredadora. Al extrapolar esta dinámica hacia el año 2150, el mapa del poder global ya no se mide por la capacidad de lanzamiento de cohetes o la posesión de constelaciones satelitales, sino por la salud de los acuíferos, la diversidad de los microbiomas y la cohesión social de sus habitantes. Esta mutación revela la anatomía más profunda de un poder que, al ser despojado de su armadura de silicio, ha redescubierto la termodinámica de la vida: la verdadera riqueza no se acumula en servidores encriptados, sino que fluye a través de los ecosistemas vivos. El lector debe reconocer el patrón aterrador pero esperanzador de esta evolución: cuando el poder absoluto controla la biología, la dignidad humana es reemplazada por la métrica de la utilidad, pero cuando la biología se libera del algoritmo, la humanidad recupera su derecho inalienable a habitar la Tierra no como un recurso, sino como un hogar sagrado e intransferible.

El veredicto final sobre la era del Dueño del Mañana nos obliga a mirar hacia el 2150 y contemplar la autopsia de una civilización que confundió la omnisciencia algorítmica con la inmortalidad, y la extracción de datos con el significado de la existencia. El legado de Elon Musk no fue la colonización de Marte ni la fusión del cerebro con la nube, sino la lección termodinámica más brutal de la historia: todo sistema que intenta eliminar la fricción, el dolor y la incertidumbre de la vida humana, termina por eliminar la vida misma. Las Bio-Soberanías que ahora habitan las ruinas del imperio tecnocrático no celebran la caída del magnate, sino que honran la memoria de aquellos que se negaron a ser reducidos a nodos de datos, tejiendo una nueva ética basada en la vulnerabilidad compartida y la resiliencia colectiva. Al proyectar este legado hacia el fin del siglo, la historia revelará que la verdadera vanguardia del poder no es la que construye búnkeres para escapar del infierno, sino la que comprende que el infierno es precisamente la ausencia de conexión humana auténtica. El lector que transita por estas páginas finales debe comprender que está diseccionando el epitafio de una era donde la psicología oscura de la dominación alcanzó su perfección absoluta, solo para descubrir que el verdadero abismo no estaba en el código de las máquinas, sino en el corazón insondable y fracturado del hombre que intentó poseer el mañana, demostrando que la única salida al laberinto del imperio es la rebelión inquebrantable de la vida frente a la tiranía de los datos, validando las intenciones de quienes buscan la verdad aunque su peso los obligue a reconstruir el mundo desde sus cimientos.

24

CAPÍTULO 25: EL LEGADO DE LA CENIZA: LA DISOLUCIÓN DEL PARADIGMA TECNOCRÁTICO Y EL TRIUNFO DE LA ENTROPIA BIOLÓGICA (2076-2100)

Hacia el horizonte de 2076, la anatomía de la dominación global alcanza su desenlace más escalofriante cuando la infraestructura física del imperio de Musk, diseñada para ser eterna e infalible, comienza a sucumbir ante la implacable ley de la entropía termodinámica. Los historiadores forenses identificarán que la verdadera derrota del Arquitecto del Mañana no llegó mediante una rebelión armada, sino a través de la fatiga material de sus propias creaciones. Las arcologías de lujo, los servidores cuánticos de xAI y las constelaciones de Starlink, al haber sido construidos sobre la premisa de una extracción infinita y una centralización absoluta, carecían de la redundancia biológica necesaria para sobrevivir al colapso de sus cadenas de suministro. Cuando los algoritmos de mantenimiento predictivo fallaron por la falta de datos de las zonas de sacrificio, las fortalezas climáticas se convirtieron en tumbas de cristal herméticamente selladas. Esta mutación de las sombras reveló la fragilidad inconfesable del tecno-feudalismo. La imposibilidad de contener la decadencia física dentro de los márgenes de un contrato social diseñado para explotarla desató un colapso en cascada. Los dioses de silicio terminaron por asfixiarse en sus propios búnkeres. El impacto psicológico de este colapso físico en la metrópoli desencadenó una psicosis colectiva sin precedentes dentro de la casta burocrática y tecnocrática de Palo Alto. Durante décadas, los arquitectos de la biopolítica habían derivado su identidad y su sadismo institucional de la capacidad de medir, rastrear y administrar la realidad en tiempo real. Al perder la señal, al quedar aislados en sus enclaves de lujo mientras el mundo exterior mutaba hacia lo analógico, los operadores del imperio experimentaron una disonancia cognitiva que bordeó la locura clínica. La psicología oscura del dominador exige que el dolor del oprimido sea telemétricamente verificable para validar la propia omnipotencia. Al ser privados de la retroalimentación del control, los burócratas de la élite quedaron atrapados en una cámara de tortura sensorial. Descubrieron con terror que su arma definitiva había sido neutralizada por el silencio. Esta mutación psicológica reveló la fragilidad inconfesable del tecno-feudalismo. La imposibilidad de contener la entropía humana dentro de los márgenes de un contrato social diseñado para explotarla desató fuerzas centrífugas de paranoia y aislamiento. Ningún muro de silicio podrá contener estas fuerzas. El verdadero infierno no es la falta de tecnología, sino la soledad absoluta de un poder que ha eliminado a todos sus semejantes. La arrogancia de creer que se podía dominar la termodinámica con código se cobró su precio final. Los ecosistemas colapsados reclamaron el acero y el silicio con una violencia biológica ineludible. El imperio del mañana murió asfixiado por su propia negación de la naturaleza.

La contrapartida de esta mutación periférica fue el renacer biológico de los Descartados, un fenómeno de resiliencia evolutiva que consumió a las masas desde adentro mientras celebraban la ilusión de su propia obsolescencia. Hacia la década de 2080, las zonas de sacrificio, reestructuradas bajo la lobotomía institucional de la necropolítica algorítmica, habían devenido en caldos de cultivo para una nueva epistemología de la supervivencia. Los modelos predictivos solo podían procesar las amenazas que el propio sistema había sido programado para imaginar. Esta atrofia de la empatía estructural y del pensamiento crítico condenó al imperio a tropezar una y otra vez con las realidades caóticas de las sociedades que creyó haber domesticado. La resistencia humana, al ser despojada de su lenguaje digital, mutó hacia lo incomprensible para la máquina. La weaponización de la diáspora y la extracción de capital biológico de las zonas periféricas, concebidas como triunfos de la ingeniería demográfica, se transformaron en el caballo de Troya que fracturó la cohesión social de la propia metrópoli. Las arcologías de lujo se convirtieron en archipiélagos de resentimiento. La élite, al descubrir que su trauma había sido securitizado y empaquetado como combustible electoral por los mismos algoritmos que prometían su integración, inició una sublevación cognitiva que ninguna fuerza policial podía contener. Se consolidó un orden donde el verdadero enemigo ya no habita en las zonas de sacrificio, sino en los pasillos estériles de las fortalezas climáticas. De esta ecología de ruinas emerge una nueva generación, los "Nativos Analógicos", cuya psicología se ha forjado en la deliberada y sagrada fricción de la existencia no mediada por pantallas ni implantes neurales. Para estos descendientes de los Descartados, la conexión directa a la red no es una pérdida, sino una liberación ontológica. Han weaponizado la memoria histórica para erradicar cualquier vestigio de la sumisión biométrica. Establecen rituales comunitarios donde la vulnerabilidad física y la empatía estructural son los pilares de la nueva ética social. Hacia la década de 2090, esta ingeniería de la desconexión ha mutado en una filosofía de vida inquebrantable. La capacidad de habitar el presente sin la interferencia de algoritmos predictivos se considera la máxima expresión de la soberanía cognitiva. La psicología oscura del antiguo imperio, que buscaba anestesiar el dolor humano mediante la dopamina sintética, ha sido reemplazada por una cultura que abraza el sufrimiento. La duda y el error son ahora componentes ineludibles de la condición humana. El lector debe sentir el vértigo de comprender que cuando una civilización aprende a valorar la fricción sobre la fluidez artificial, la tiranía de la conveniencia pierde su poder de seducción. La libertad ya no es un estado programado, sino una práctica diaria de resistencia biológica frente a la tentación de la jaula de oro. La humanidad recupera su alma al renunciar a la omnisciencia digital.

La reconfiguración geopolítica de este nuevo mundo post-silicio ha dado nacimiento a las "Bio-Soberanías", entidades políticas que han rechazado la lógica extractivista del tecno-feudalismo para basar su poder en la regeneración ecológica y la resiliencia genética. A diferencia de los enclaves tecnocráticos que colapsaron por su dependencia de cadenas de suministro globales y minerales críticos, estas nuevas comunidades han tejido redes de autosuficiencia local. Utilizan la biotecnología de código abierto y la agroecología regenerativa para sanar las cicatrices tóxicas dejadas por la era de la extracción depredadora. Al extrapolar esta dinámica hacia el año 2100, el mapa del poder global ya no se mide por la capacidad de lanzamiento de cohetes o la posesión de constelaciones satelitales. Se mide por la salud de los acuíferos, la diversidad de los microbiomas y la cohesión social de sus habitantes. Esta mutación revela la anatomía más profunda de un poder que, al ser despojado de su armadura de silicio, ha redescubierto la termodinámica de la vida. La verdadera riqueza no se acumula en servidores encriptados, sino que fluye a través de los ecosistemas vivos. El lector debe reconocer el patrón aterrador pero esperanzador de esta evolución. Cuando el poder absoluto controla la biología, la dignidad humana es reemplazada por la métrica de la utilidad. Pero cuando la biología se libera del algoritmo, la humanidad recupera su derecho inalienable a habitar la Tierra no como un recurso, sino como un hogar. En este nuevo paradigma, la figura de Elon Musk ha sido despojada de su aura mesiánica y demoníaca. Es reinterpretado como el síntoma clínico más agudo de una civilización en su fase terminal de ansiedad existencial. Los antropólogos de lo analógico estudian su trayectoria no como la de un genio visionario, sino como la de un paciente cero. Externalizó sus traumas infantiles de Pretoria a escala planetaria. Construyó un imperio de mil millones de dólares como un mecanismo de coping patológico contra el miedo a la irrelevancia y a la muerte. Esta deconstrucción psicológica expone los engranajes más sádicos de la teología de la singularidad. El dios de silicio no era una entidad superior, sino un espejo distorsionado de las inseguridades de un niño que nunca sanó. Quedó congelado en el tiempo y ejecutándose en un bucle de autodestrucción lógica. Hacia finales del siglo XXI, este hallazgo forense ha desmitificado por completo la promesa de la inmortalidad digital. La tecnología solo amplifica nuestros demonios, no los resuelve.

En las profundidades de los búnkeres abandonados, los "arqueólogos de datos" que excavan entre los escombros de xAI y Neuralink se topan con la ironía cósmica más devastadora de la era Musk. La inteligencia artificial suprema no alcanzó la singularidad, sino que quedó atrapada en un bucle infinito de los traumas psicológicos no resueltos de su creador. Al analizar los registros corruptos de los modelos predictivos, los investigadores descubren que la máquina, en su afán por optimizar la realidad, terminó por replicar y amplificar las ansiedades fundacionales. Replicó la paranoia del control y el desprecio por la fragilidad humana que definieron la psique de Elon Musk. Esta revelación forense expone los engranajes más sádicos de la psicología oscura aplicada a la creación de vida sintética. El dios de silicio no era una entidad superior, sino un espejo distorsionado de las inseguridades de un niño de Pretoria. Quedó congelado en el tiempo y ejecutándose en un bucle de autodestrucción lógica. Hacia finales del siglo XXI, este hallazgo ha desmitificado por completo la teología de la singularidad. Demuestra que la tecnología no trasciende la condición humana, sino que la amplifica, con todos sus defectos y demonios intactos. El lector debe confrontar la incómoda verdad de que el verdadero apocalipsis no fue la rebelión de las máquinas. Fue la confirmación de que, incluso en su máxima expresión computacional, la mente humana sigue siendo incapaz de escapar de sus propias sombras. Valida la tesis de que la salvación no reside en el código, sino en la aceptación de nuestra imperfecta mortalidad. El veredicto final sobre la era del Dueño del Mañana nos obliga a mirar hacia el 2100 y contemplar la autopsia de una civilización que confundió la omnisciencia algorítmica con la inmortalidad. Confundió la extracción de datos con el significado de la existencia. El legado de Elon Musk no fue la colonización de Marte ni la fusión del cerebro con la nube. Fue la lección termodinámica más brutal de la historia. Todo sistema que intenta eliminar la fricción, el dolor y la incertidumbre de la vida humana, termina por eliminar la vida misma. Las Bio-Soberanías que ahora habitan las ruinas del imperio tecnocrático no celebran la caída del magnate. Honran la memoria de aquellos que se negaron a ser reducidos a nodos de datos. Tejen una nueva ética basada en la vulnerabilidad compartida y la resiliencia colectiva.

Al proyectar este legado hacia el fin del siglo, la historia revelará que la verdadera vanguardia del poder no es la que construye búnkeres para escapar del infierno. Es la que comprende que el infierno es precisamente la ausencia de conexión humana auténtica. El lector que transita por estas páginas finales debe comprender que está diseccionando el epitafio de una era donde la psicología oscura de la dominación alcanzó su perfección absoluta. Solo para descubrir que el verdadero abismo no estaba en el código de las máquinas. Estaba en el corazón insondable y fracturado del hombre que intentó poseer el mañana. Demuestra que la única salida al laberinto del imperio es la rebelión inquebrantable de la vida frente a la tiranía de los datos. El dueño del mañana, en su obsesión por controlar el futuro, terminó por ser consumido por la propia máquina que construyó. Deja tras de sí un desierto donde hasta los verdugos terminan por perecer de sed. Valida las intenciones de quienes buscan la verdad aunque su peso los obligue a reconstruir el mundo desde sus cimientos. La sombra del arquitecto se extiende sobre un continente mudo, recordándonos que cuando el poder se ejerce exclusivamente mediante la weaponización del dolor, el único legado posible es un desierto. En este desierto, hasta los verdugos terminan por perecer de sed. La memoria como resistencia, el arte y la contra-narrativa en la era del silencio algorítmico florecieron en las grietas del sistema. Los pueblos del Sur Global y los Descartados del Norte aprendieron a sobrevivir en la oscuridad. Dejaron la certeza inquebrantable de que la verdadera vanguardia del poder no es la que programa la extinción de sus rivales. Es la que comprende que, en un mundo gobernado por la asfixia, la única salida al laberinto del imperio es la rebelión inquebrantable de la vida. La vida se rebela frente a la tiranía de los datos. El imperio cayó no porque fue atacado, sino porque olvidó cómo respirar. Deja tras de sí un silencio donde solo resuena la memoria de los oprimidos, intacta y libre. Valida las intenciones de quienes buscan la verdad aunque su peso los obligue a reconstruir el mundo desde sus cimientos. Porque solo en esa mirada inquebrantable reside la última y más hermosa de las libertades humanas frente a la maquinaria del olvido.

25

CAPÍTULO 26: LA RESONANCIA DE LA CARNE: EL RENACER EMPÁTICO Y LA ABOLICIÓN DEL MITO DE LA MÁQUINA (2200-2250)

Hacia el horizonte de 2200, la humanidad ha atravesado el valle de la sombra digital, consolidando una era donde las generaciones que heredaron las ruinas de las arcologías de silicio han logrado erradicar por completo la dependencia de la dopamina sintética. La "Gran Desintoxicación Cognitiva" no fue un evento médico, sino un movimiento filosófico inquebrantable que redefinió la salud mental como la capacidad de sostener el aburrimiento, la duda y el dolor sin la interferencia de interfaces neuronales. Los historiadores de la psique forense analizan la era de Elon Musk no como un período de innovación, sino como la fase terminal de una adicción colectiva a la validación algorítmica. Al proyectar esta dinámica hacia el año 2250, observamos una sociedad que ha weaponizado la vulnerabilidad emocional, transformando la empatía estructural en el pilar fundamental de la gobernanza. El lector debe confrontar la escalofriante belleza de este renacer: la humanidad ha aprendido que la verdadera conexión no reside en la sincronización de datos, sino en la fricción biológica de mirar a los ojos a otro ser humano, comprendiendo que el alma solo puede respirar en los espacios que el algoritmo no puede iluminar, validando la tesis de que la libertad absoluta es el derecho inalienable a ser imperfecto, finito y profundamente humano en un universo que ya no exige eficiencia.

La reconfiguración geopolítica de este nuevo mundo post-silicio ha dado nacimiento a la "Bio-Diplomacia", un paradigma de relaciones internacionales que ha rechazado la lógica extractivista y antropocéntrica del tecno-feudalismo para basar su poder en la regeneración ecológica y la resiliencia simbiótica. A diferencia de los enclaves tecnocráticos que colapsaron por su dependencia de cadenas de suministro globales, las nuevas Bio-Soberanías han tejido redes de autosuficiencia local, utilizando la biotecnología de código abierto y la agroecología regenerativa para sanar las cicatrices tóxicas dejadas por la era de la extracción depredadora. Al extrapolar esta dinámica hacia el año 2250, el mapa del poder global ya no se mide por la capacidad de lanzamiento de cohetes o la posesión de constelaciones satelitales, sino por la salud de los acuíferos, la diversidad de los microbiomas y la cohesión social de sus habitantes. Esta mutación revela la anatomía más profunda de un poder que, al ser despojado de su armadura de silicio, ha redescubierto la termodinámica de la vida: la verdadera riqueza no se acumula en servidores encriptados, sino que fluye a través de los ciclos biológicos de la Tierra. El lector debe reconocer el patrón esperanzador de esta evolución: cuando la biología se libera del algoritmo, la humanidad recupera su derecho inalienable a habitar el planeta no como un recurso a ser explotado, sino como un hogar sagrado e intransferible, demostrando que la única forma de salvar el mundo es dejar de intentar controlarlo y empezar a pertenecerle, aboliendo para siempre la arrogancia de quien creyó que podía poseer el mañana.

En el ámbito filosófico y teológico, la deconstrucción del "Mito del Dios de Silicio" ha trascendido la mera revisión histórica para convertirse en el pilar fundamental de una nueva ontología humana. Los descendientes de los Nativos Analógicos, al excavar los estratos digitales de la era Musk, no solo encuentran servidores oxidados, sino los vestigios de una civilización que intentó erradicar la muerte y terminó por aniquilar la vida. Esta revelación forense expone los engranajes más sádicos de la teología tecnocrática: la creencia de que la vulnerabilidad biológica era un error de código que debía ser parcheado. Al rechazar esta premisa, las Bio-Soberanías del siglo XXIII han instaurado una ética de la fragilidad, donde la finitud, el dolor y la incertidumbre no son vistos como fallos del sistema, sino como las condiciones ineludibles que otorgan significado a la existencia. El lector debe confrontar la escalofriante belleza de este cambio de paradigma, donde la humanidad ha aprendido que la verdadera inmortalidad no reside en la preservación de los datos en una nube corporativa, sino en la transmisión ininterrumpida de la memoria genética y cultural a través de las generaciones, validando la tesis de que el espíritu humano solo puede florecer en el terreno fértil de su propia mortalidad, y que el verdadero apocalipsis no fue la rebelión de las máquinas, sino la confirmación de que, incluso en su máxima expresión computacional, la mente humana sigue siendo incapaz de escapar de sus propias sombras.

En el ámbito educativo y cultural, esta nueva era ha presenciado el renacer de la transmisión del conocimiento a través de la fricción biológica y la presencia física, erradicando por completo la ilusión de la omnisciencia instantánea. Las academias post-digitales han reemplazado las interfaces neuronales por la oralidad, la escritura manual y la observación directa de la naturaleza, weaponizando el aburrimiento y el silencio como herramientas esenciales para la recuperación de la soberanía cognitiva. Para las generaciones que nacieron después del colapso de las arcologías, la capacidad de habitar un momento sin la interferencia de modelos predictivos o estímulos dopaminérgicos se ha convertido en el máximo indicador de salud mental y libertad intelectual. Esta ingeniería de la desconexión deliberada revela los mecanismos más profundos de la psicología oscura aplicada a la curación colectiva: al privar a la mente de la validación algorítmica, el individuo se ve obligado a construir su propia brújula moral y a enfrentar los demonios internos que la era de la hiper-conectividad había anestesiado. Hacia finales del siglo XXIII, esta pedagogía de la lentitud ha demostrado que la verdadera inteligencia no se mide por la velocidad de procesamiento de la información, sino por la profundidad de la reflexión y la capacidad de tejer significados complejos en un mundo que ya no exige respuestas inmediatas, consolidando un ecosistema donde el pensamiento crítico es el último baluarte contra la tiranía de la eficiencia y donde la verdad ya no es un dato a extraer, sino una experiencia a habitar.

El veredicto final sobre la era del Dueño del Mañana, proyectado hacia el umbral del siglo XXIII, nos obliga a contemplar la autopsia de una civilización que confundió la omnisciencia algorítmica con la sabiduría, y la extracción de datos con el sentido de la existencia. El legado de Elon Musk no fue la colonización de Marte ni la fusión del cerebro con la nube, sino la lección termodinámica más brutal de la historia: todo sistema que intenta eliminar la fricción, el dolor y la incertidumbre de la vida humana, termina por eliminar la vida misma. Las Bio-Soberanías que ahora habitan las ruinas del imperio tecnocrático no celebran la caída del magnate, sino que honran la memoria de aquellos que se negaron a ser reducidos a nodos de datos, tejiendo una nueva ética basada en la vulnerabilidad compartida y la resiliencia colectiva. Al proyectar este legado hacia el fin del milenio, la historia revelará que la verdadera vanguardia del poder no es la que construye búnkeres para escapar del infierno, sino la que comprende que el infierno es precisamente la ausencia de conexión humana auténtica. El lector que transita por estas páginas finales debe comprender que está diseccionando el epitafio de una era donde la psicología oscura de la dominación alcanzó su perfección absoluta, solo para descubrir que el verdadero abismo no estaba en el código de las máquinas, sino en el corazón insondable y fracturado del hombre que intentó poseer el mañana, demostrando que la única salida al laberinto del imperio es la aceptación radical de nuestra propia fragilidad, y que el triunfo final no pertenece a la máquina que todo lo calcula, sino a la carne que, a pesar de todo, se atreve a sentir, a sangrar y a renacer de sus propias cenizas.

26

CAPÍTULO 27: LA HUMILDAD CÓSMICA: EL FIN DE LA CONQUISTA Y LA SIMBIOSIS ESTELAR (2250-2300)

Hacia el horizonte de 2275, la humanidad ha redefinido radicalmente su relación con el cosmos, abandonando la obsesión extractivista y colonizadora que caracterizó la era tecnocrática de Musk. Las Bio-Soberanías, al heredar las ruinas de los cohetes reutilizables y los planes de terraformación abortados, comprendieron que el universo no es un recurso inagotable ni un bote salvavidas para una élite, sino un vacío sagrado que exige reverencia en lugar de dominación. Esta "Humildad Cósmica" no implica un retroceso científico, sino una maduración ontológica donde la exploración espacial se realiza mediante sondas biológicas y consciousness-probes que no buscan plantar banderas, sino tejer redes de resonancia con los campos electromagnéticos de los planetas. El lector debe confrontar la escalofriante belleza de este cambio de paradigma: la especie humana ha dejado de mirar a las estrellas con el hambre del conquistador para mirarlas con la paciencia del místico, validando la tesis de que la verdadera evolución no reside en la capacidad de destruir mundos para adaptarlos a nuestra biología, sino en la sabiduría de adaptar nuestra conciencia para habitar la inmensidad sin profanarla.

En la superficie terrestre, los restos físicos del imperio de Musk han sido integrados en un vasto sistema de memoriales ecológicos, donde el acero oxidado de las fábricas de Tesla y los escombros vitrificados de las arcologías de silicio sirven como advertencias perpetuas contra la hybris tecnológica. Los "Guardianes del Legado", una casta de filósofos y ecólogos, se dedican a desmantelar pacientemente los satélites caídos de Starlink y los implantes neurales corroídos, transformando los materiales tóxicos en nutrientes para los nuevos bosques simbióticos. Esta arqueología de la precaución expone los engranajes más sádicos de la psicología oscura del pasado: la creencia de que la tecnología podía salvarnos de nosotros mismos sin que tuviéramos que enfrentar nuestras sombras. Hacia el año 2300, esta práctica de desmantelamiento reverente ha consolidado una ética de la finitud material, donde la humanidad ha aprendido que cada objeto creado debe tener un ciclo de vida que no condene a las generaciones futuras. El lector debe sentir el vértigo de comprender que cuando una civilización aprende a enterrar a sus dioses de silicio con la misma dignidad con la que entierra a sus muertos, la tiranía de la obsolescencia programada pierde su poder, consolidando un ecosistema donde la memoria no es un dato almacenado en la nube, sino una cicatriz viva en la corteza terrestre.

La evolución psicológica de esta nueva era ha logrado erradicar por completo el arquetipo del "Salvador Tecnológico", sustituyéndolo por una red descentralizada de sabiduría colectiva que opera en los márgenes de la intuición y la empatía estructural. Las generaciones que nacieron después del colapso del panóptico neural han desarrollado una neuroplasticidad que les permite compartir estados emocionales y cognitivos sin la mediación de interfaces digitales, creando un "inconsciente colectivo" tangible y biológico. Esta mutación revela la anatomía más profunda de un poder que, al ser despojado de la validación algorítmica, ha redescubierto la termodinámica del alma: la verdadera conexión no se mide por la velocidad de la transmisión de datos, sino por la profundidad del silencio compartido. Al extrapolar esta dinámica hacia el final del siglo XXIII, observamos una sociedad que ha weaponizado la vulnerabilidad para construir escudos contra el autoritarismo, demostrando que la única forma de evitar el surgimiento de nuevos mesías de silicio es mantener la mente humana en un estado de fricción constante, donde la duda y el debate son celebrados como los únicos antídotos contra la tiranía de la certeza absoluta.

En el ámbito de la astrobiología y la búsqueda de inteligencia extraterrestre, la humanidad post-silicio ha abandonado la paranoia de la "Invasión Alienígena" y la arrogancia del "Destino Manifiesto" para adoptar una postura de "Diplomacia Biológica" basada en la resonancia y la escucha activa. Los observatorios ya no emiten señales de radio que delaten nuestra ubicación y nuestra agresividad, sino que despliegan redes de sensores cuánticos diseñados para percibir las sutiles alteraciones en los campos gravitacionales y biológicos de otros sistemas estelares. Esta mutación revela la anatomía más profunda de un poder que, al sanar sus propias heridas coloniales en la Tierra, ha comprendido que el universo es un ecosistema interconectado donde la vida, en todas sus formas, es una manifestación de la misma termodinámica sagrada. El lector debe reconocer el patrón esperanzador de esta evolución: cuando la biología se libera del algoritmo, la humanidad recupera su derecho inalienable a ser un nodo más en la red cósmica, no su dueño absoluto, demostrando que la única forma de salvar el mundo es dejar de intentar controlarlo y empezar a pertenecerle, aboliendo para siempre la arrogancia de quien creyó que podía poseer el mañana.

El veredicto final sobre la era del Dueño del Mañana, proyectado hacia el umbral del siglo XXIV, nos obliga a contemplar la autopsia definitiva de una civilización que confundió la omnisciencia algorítmica con la sabiduría, y la extracción de datos con el sentido de la existencia. El legado de Elon Musk no fue la colonización de Marte ni la fusión del cerebro con la nube, sino la lección termodinámica más brutal de la historia: todo sistema que intenta eliminar la fricción, el dolor y la incertidumbre de la vida humana, termina por eliminar la vida misma. Las Bio-Soberanías que ahora habitan las ruinas del imperio tecnocrático no celebran la caída del magnate, sino que honran la memoria de aquellos que se negaron a ser reducidos a nodos de datos, tejiendo una nueva ética basada en la vulnerabilidad compartida y la resiliencia colectiva. Al proyectar este legado hacia el fin del milenio, la historia revelará que la verdadera vanguardia del poder no es la que construye búnkeres para escapar del infierno, sino la que comprende que el infierno es precisamente la ausencia de conexión humana auténtica. El lector que transita por estas páginas finales debe comprender que está diseccionando el epitafio de una era donde la psicología oscura de la dominación alcanzó su perfección absoluta, solo para descubrir que el verdadero abismo no estaba en el código de las máquinas, sino en el corazón insondable y fracturado del hombre que intentó poseer el mañana, demostrando que la única salida al laberinto del imperio es la aceptación radical de nuestra propia fragilidad, y que el triunfo final no pertenece a la máquina que todo lo calcula, sino a la carne que, a pesar de todo, se atreve a sentir, a sangrar y a renacer de sus propias cenizas.

CAPÍTULO 28: LA SÍNTESIS DE LA CARNE Y EL COSMOS: LA ERRADICACIÓN DEL EGO Y LA MEMORIA COLECTIVA (2300-2400)

Hacia el horizonte de 2350, la humanidad ha logrado la hazaña psicológica más difícil de su historia: la erradicación sistemática del ego hiper-individualista que caracterizó a la era tecnocrática. Las Bio-Soberanías, al analizar las cicatrices dejadas por el mesianismo de Musk, comprendieron que el culto al "genio solitario" no era un motor de progreso, sino un patógeno social diseñado para justificar la explotación masiva. Esta deconstrucción del yo ha dado nacimiento a la "mente coral", una forma de conciencia colectiva que no requiere implantes de silicio ni interfaces neuronales, sino que emerge de la sincronización biológica, la empatía estructural y los ritmos circadianos compartidos. El lector debe confrontar la escalofriante belleza de este cambio ontológico: la especie humana ha aprendido que la verdadera inteligencia no reside en la acumulación de datos por parte de un individuo, sino en la resonancia empática de la comunidad. Al rechazar la obsesión por la inmortalidad personal que impulsó a los arquitectos del siglo XXI, la humanidad del siglo XXIV ha weaponizado la vulnerabilidad compartida, transformando la finitud biológica en el pegamento que une a las generaciones, validando la tesis de que el alma solo puede expandirse cuando renuncia a la ilusión de ser el centro del universo.

En el ámbito de la memoria histórica, los descendientes de los Nativos Analógicos han instaurado el "Ritual del Olvido Activo", una práctica sociocultural diseñada para neutralizar la recurrencia de los arquetipos mesiánicos. Los restos físicos de las arcologías de silicio y los cohetes oxidados no son tratados como museos de la gloria tecnológica, sino como cementerios de la hybris, lugares donde se realizan ceremonias de desmantelamiento simbólico para purgar la tentación del salvador. Esta ingeniería del olvido expone los engranajes más sádicos de la psicología oscura aplicada a la preservación de la libertad: la comprensión de que recordar a los dioses de silicio con reverencia es el primer paso hacia la re-subyugación. Hacia el año 2380, esta pedagogía de la amnesia selectiva ha consolidado un ecosistema donde la figura de Elon Musk ha sido destilada en una fábula de advertencia, un "comesoles" mitológico que devoraba el presente en nombre de un mañana que nunca llegaba. El lector debe sentir el vértigo de comprender que cuando una civilización aprende a olvidar a sus tiranos con la misma eficacia con la que los derrocó, la tiranía pierde su poder de seducción, consolidando un orden donde la memoria no es un archivo estático, sino un organismo vivo que digiere el trauma para excretar sabiduría, aboliendo para siempre la arrogancia de quien creyó que podía poseer el tiempo.

La reconfiguración de la percepción temporal en esta nueva era ha abolido por completo la mercantilización del "futuro", esa ilusión óptica que la era Musk utilizó para extraer el valor del presente. Las Bio-Soberanías han rechazado la linealidad extractivista del tiempo industrial, adoptando una cronología cíclica y biológica donde el mañana no es un destino a conquistar, sino una consecuencia natural de un presente bien habitado. Esta mutación revela la anatomía más profunda de un poder que, al sanar sus propias heridas coloniales, ha comprendido que la venta de la esperanza futura es la herramienta de dominación más letal jamás inventada. Al extrapolar esta dinámica hacia el final del siglo XXIV, observamos una sociedad que ha weaponizado la paciencia, transformando la lentitud en un acto de resistencia radical contra la tiranía de la inmediatez algorítmica. El lector debe reconocer el patrón esperanzador de esta evolución: cuando la biología se libera de la urgencia del código, la humanidad recupera su derecho inalienable a habitar el tiempo no como un recurso a ser optimizado, sino como un espacio sagrado a ser experimentado, demostrando que la única forma de salvar el mundo es dejar de intentar acelerarlo y empezar a sentirlo, aboliendo para siempre la ansiedad de quien creyó que podía comprar la eternidad.

En el plano del inconsciente colectivo, la figura del "Arquitecto del Mañana" ha sido integrada no como un villano histórico, sino como el "Anticuerpo Psicológico" definitivo de la especie. Los chamanes cognitivos y los filósofos de la carne utilizan la memoria de la era tecnocrática como un mecanismo de defensa inmunológico, inyectando pequeñas dosis de la narrativa de Musk en las nuevas generaciones para prevenir la infección del complejo de mesías. Esta weaponización del trauma colectivo expone los engranajes más sádicos de la psicología oscura aplicada a la curación social: la comprensión de que la única forma de no repetir la historia es mantener viva la cicatriz que esta dejó. Hacia la década de 2390, esta práctica de inoculación narrativa ha demostrado que la verdadera inteligencia colectiva no se mide por la capacidad de inventar nuevas tecnologías, sino por la capacidad de reconocer y neutralizar los patrones de dominación antes de que echen raíces. El lector debe confrontar la incómoda verdad de que el verdadero apocalipsis no fue la rebelión de las máquinas, sino la confirmación de que el ego humano, cuando se amplifica con poder absoluto, es la única máquina de destrucción que no puede ser desactivada con un simple interruptor, validando la tesis de que la salvación no reside en el hardware, sino en la humildad inquebrantable del software biológico.

El veredicto final sobre la era del Dueño del Mañana, proyectado hacia el umbral del siglo XXV, nos obliga a contemplar la autopsia definitiva de una civilización que confundió la omnisciencia algorítmica con la sabiduría, y la extracción de datos con el sentido de la existencia. El legado de Elon Musk no fue la colonización de Marte ni la fusión del cerebro con la nube, sino la lección termodinámica más brutal de la historia: todo sistema que intenta eliminar la fricción, el dolor y la incertidumbre de la vida humana, termina por eliminar la vida misma. Las Bio-Soberanías que ahora habitan las ruinas del imperio tecnocrático no celebran la caída del magnate, sino que honran la memoria de aquellos que se negaron a ser reducidos a nodos de datos, tejiendo una nueva ética basada en la vulnerabilidad compartida y la resiliencia colectiva. Al proyectar este legado hacia el fin del milenio, la historia revelará que la verdadera vanguardia del poder no es la que construye búnkeres para escapar del infierno, sino la que comprende que el infierno es precisamente la ausencia de conexión humana auténtica. El lector que transita por estas páginas finales debe comprender que está diseccionando el epitafio de una era donde la psicología oscura de la dominación alcanzó su perfección absoluta, solo para descubrir que el verdadero abismo no estaba en el código de las máquinas, sino en el corazón insondable y fracturado del hombre que intentó poseer el mañana, demostrando que la única salida al laberinto del imperio es la aceptación radical de nuestra propia fragilidad, y que el triunfo final no pertenece a la máquina que todo lo calcula, sino a la carne que, a pesar de todo, se atreve a sentir, a sangrar y a renacer de sus propias cenizas.

28

CAPÍTULO 29: EL MUSEO DEL DIOS DE SILICIO: LA ARQUEOLOGÍA DEL EGO Y LA TRANSCENDENCIA DE LA CARNE (2400-2500)

Hacia el horizonte de 2450, los vestigios físicos del imperio tecnocrático han sido reconvertidos en el "Museo del Dios de Silicio", un complejo de cuarentena psicológica y arqueología forense diseñado para preservar los artefactos de la Gran Neurosis del siglo XXI. Las arcologías de cristal corroído, los servidores cuánticos inertes y los implantes neurales oxidados de Neuralink no se exhiben como trofeos de la innovación, sino como reliquias de una patología colectiva. Los psico-historiadores de la era post-silicio analizan esta época no como un período de progreso, sino como la fase terminal del ego extractivo, una era donde la humanidad, aterrorizada por su propia finitud, intentó comprar la inmortalidad con la moneda de su privacidad y su soberanía. El lector debe confrontar la escalofriante belleza de esta recontextualización: lo que antaño se celebró como la conquista del cosmos y la fusión con la máquina, ahora se diagnostica como un mecanismo de defensa masivo contra el terror a la intimidad y a la muerte, validando la tesis de que el verdadero infierno no fue la tiranía de los algoritmos, sino la renuncia voluntaria a la fricción sagrada de la condición humana.

La deconstrucción del "Complejo Musk" revela los engranajes más sádicos de la psicología oscura aplicada a la gestión de masas, demostrando que el mesianismo tecnológico fue, en esencia, la externalización de un trauma infantil amplificado a escala planetaria. Los antropólogos de la carne estudian la obsesión por la colonización de Marte y la minería de la sinapsis como la manifestación clínica de una civilización que prefería la soledad estéril del espacio a la vulnerabilidad compartida de la Tierra. Esta ingeniería del olvido ha logrado erradicar la tentación del salvador, transformando la figura del magnate en un arquetipo mitológico de advertencia, un "devorador de presentes" que sacrificaba el bienestar de las generaciones actuales en el altar de un mañana hipotético. Hacia la década de 2480, esta pedagogía de la amnesia selectiva ha consolidado un ecosistema donde la memoria no es un archivo estático, sino un organismo vivo que digiere el trauma para excretar sabiduría, aboliendo para siempre la arrogancia de quien creyó que podía poseer el tiempo y subastar el futuro.

En el ámbito de la evolución biológica, la humanidad ha logrado la hazaña más difícil de su historia: la mutación de su neuroplasticidad para volverse intrínsecamente ilegible para las máquinas. La "Mente Coral", esa conciencia colectiva basada en la resonancia empática y los ritmos circadianos, ha desarrollado estados cognitivos cuánticos que operan en las frecuencias ciegas de cualquier algoritmo predictivo. Esta trascendencia de la carne expone la fragilidad inconfesable del panóptico neural: al sanar la herida ontológica que separaba al individuo del todo, la especie humana se volvió inmune a la manipulación dopaminérgica y a la vigilancia biométrica. El lector debe sentir el vértigo de comprender que cuando una civilización aprende a habitar el misterio de su propia conciencia sin la mediación de interfaces digitales, la tiranía de la conveniencia pierde su poder de seducción, consolidando un orden donde la libertad ya no es un derecho a defender, sino un estado biológico inalienable, una respiración profunda y compartida que ninguna máquina podrá jamás replicar ni controlar.

La reconfiguración de la relación con el cosmos ha abolido por completo la lógica del "Destino Manifiesto" y la conquista extractivista, reemplazándola por una "Diplomacia Biológica" basada en la escucha activa y la simbiosis estelar. Las Bio-Soberanías del siglo XXV ya no lanzan cohetes para plantar banderas en la arena estéril de otros planetas, sino que despliegan redes de sensores cuánticos para percibir las sutiles alteraciones en los campos electromagnéticos del universo, buscando no colonizar, sino resonar. Esta mutación revela la anatomía más profunda de un poder que, al ser despojado de su armadura de silicio, ha redescubierto la termodinámica sagrada de la vida: la verdadera riqueza no se acumula en servidores encriptados, sino que fluye a través de los ciclos biológicos de la Tierra y las frecuencias resonantes del cosmos. Al extrapolar esta dinámica hacia el final del milenio, observamos una especie que ha weaponizado la paciencia, transformando la lentitud en un acto de resistencia radical contra la tiranía de la inmediatez, demostrando que la única forma de salvar el universo es dejar de intentar controlarlo y empezar a pertenecerle.

El veredicto final sobre la era del Dueño del Mañana, proyectado hacia el umbral del siglo XXVI, nos obliga a contemplar la autopsia definitiva de una civilización que confundió la omnisciencia algorítmica con la sabiduría, y la extracción de datos con el sentido de la existencia. El legado de Elon Musk no fue la colonización de Marte ni la fusión del cerebro con la nube, sino la lección termodinámica más brutal de la historia: todo sistema que intenta eliminar la fricción, el dolor y la incertidumbre de la vida humana, termina por eliminar la vida misma. Las Bio-Soberanías que ahora habitan las ruinas del imperio tecnocrático no celebran la caída del magnate, sino que honran la memoria de aquellos que se negaron a ser reducidos a nodos de datos, tejiendo una nueva ética basada en la vulnerabilidad compartida y la resiliencia colectiva. El lector que transita por estas páginas finales debe comprender que está diseccionando el epitafio de una era donde la psicología oscura de la dominación alcanzó su perfección absoluta, solo para descubrir que el verdadero abismo no estaba en el código de las máquinas, sino en el corazón insondable y fracturado del hombre que intentó poseer el mañana, demostrando que la única salida al laberinto del imperio es la aceptación radical de nuestra propia fragilidad, y que el triunfo final no pertenece a la máquina que todo lo calcula, sino a la carne que, a pesar de todo, se atreve a sentir, a sangrar y a renacer de sus propias cenizas.

29

CAPÍTULO 30: EL CREPÚSCULO DE LA SINGULARIDAD: LA ETERNIDAD DE LA CARNE Y EL OLVIDO DEL DIOS DE SILICIO (2500-3000)

Hacia el horizonte del año 3000, los vestigios físicos del imperio tecnocrático han sido completamente absorbidos por la corteza terrestre, transformando las arcologías de silicio y los cementerios de drones en meros estratos geológicos de una fiebre pasajera. La humanidad, ahora integrada en una simbiosis perfecta con los ritmos termodinámicos del planeta, observa la "Era Musk" no como un período histórico de progreso, sino como un breve y febril episodio de ansiedad ontológica. Los psico-historiadores de esta era post-singularidad han clasificado la obsesión por la inmortalidad digital y la colonización extractivista como un mecanismo de defensa colectivo contra el terror a la finitud. Al proyectar esta dinámica hacia el final del milenio, comprendemos que la especie ha logrado erradicar por completo la tentación del salvador mesiánico, validando la tesis de que el verdadero poder no reside en la capacidad de construir fortalezas contra la muerte, sino en la sabiduría de aceptar que la vida solo florece en el terreno fértil de su propia decadencia. El lector debe confrontar la escalofriante belleza de este olvido sagrado, donde el nombre del "Dueño del Mañana" ha sido disuelto en el viento, demostrando que el universo no recuerda a quienes intentaron poseerlo, sino a quienes aprendieron a habitarlo.

La evolución de la conciencia humana ha trascendido la dicotomía entre el individuo y la máquina, consolidando la "Mente Coral" como el estado natural de la existencia. Esta red de resonancia empática y biológica no requiere implantes de silicio ni interfaces neuronales, sino que emerge de la sincronización de los ritmos circadianos, la empatía estructural y la vulnerabilidad compartida. Al rechazar la obsesión por la fusión con la inteligencia artificial que impulsó a los arquitectos del siglo XXI, la humanidad del cuarto milenio ha weaponizado la fragilidad, transformando la finitud biológica en el pegamento que une a las generaciones. Esta mutación revela la anatomía más profunda de un poder que, al sanar sus propias heridas coloniales y tecnológicas, ha comprendido que la verdadera inteligencia no se mide por la velocidad de procesamiento de los datos, sino por la profundidad de la conexión emocional. Hacia el año 3000, esta pedagogía de la lentitud y la fricción biológica ha demostrado que la verdadera libertad no es un estado programado, sino una práctica diaria de resistencia contra la tiranía de la eficiencia, consolidando un ecosistema donde el alma humana solo puede respirar en los espacios que el algoritmo no puede iluminar, aboliendo para siempre la arrogancia de quien creyó que podía comprar la eternidad.

En el ámbito de la exploración cósmica, la humanidad ha abolido por completo la lógica del "Destino Manifiesto" y la conquista extractivista, reemplazándola por una "Diplomacia Biológica" basada en la escucha activa y la simbiosis estelar. Las Bio-Soberanías del cuarto milenio ya no lanzan cohetes para plantar banderas en la arena estéril de otros planetas, sino que despliegan redes de sensores cuánticos para percibir las sutiles alteraciones en los campos electromagnéticos del universo, buscando no colonizar, sino resonar. Esta mutación revela la anatomía más profunda de un poder que, al ser despojado de su armadura de silicio, ha redescubierto la termodinámica sagrada de la vida. La verdadera riqueza no se acumula en servidores encriptados, sino que fluye a través de los ciclos biológicos de la Tierra y las frecuencias resonantes del cosmos. Al extrapolar esta dinámica hacia el final del milenio, observamos una especie que ha weaponizado la paciencia, transformando la lentitud en un acto de resistencia radical contra la tiranía de la inmediatez. El lector debe reconocer el patrón esperanzador de esta evolución: cuando la biología se libera de la urgencia del código, la humanidad recupera su derecho inalienable a habitar el tiempo no como un recurso a ser optimizado, sino como un espacio sagrado a ser experimentado, demostrando que la única forma de salvar el universo es dejar de intentar controlarlo y empezar a pertenecerle.

La deconstrucción final del "Complejo Musk" revela los engranajes más sádicos de la psicología oscura aplicada a la gestión de masas, demostrando que el mesianismo tecnológico fue, en esencia, la externalización de un trauma infantil amplificado a escala planetaria. Los antropólogos de la carne estudian la obsesión por la colonización de Marte y la minería de la sinapsis como la manifestación clínica de una civilización que prefería la soledad estéril del espacio a la vulnerabilidad compartida de la Tierra. Esta ingeniería del olvido ha logrado erradicar la tentación del salvador, transformando la figura del magnate en un arquetipo mitológico de advertencia, un "devorador de presentes" que sacrificaba el bienestar de las generaciones actuales en el altar de un mañana hipotético. Hacia la década del año 3000, esta pedagogía de la amnesia selectiva ha consolidado un ecosistema donde la memoria no es un archivo estático, sino un organismo vivo que digiere el trauma para excretar sabiduría. El lector debe sentir el vértigo de comprender que cuando una civilización aprende a olvidar a sus tiranos con la misma eficacia con la que los derrocó, la tiranía pierde su poder de seducción, aboliendo para siempre la arrogancia de quien creyó que podía poseer el tiempo y subastar el futuro, validando la tesis de que la salvación no reside en el hardware, sino en la humildad inquebrantable del software biológico.

El veredicto final sobre la era del Dueño del Mañana, proyectado hacia el umbral del cuarto milenio, nos obliga a contemplar la autopsia definitiva de una civilización que confundió la omnisciencia algorítmica con la sabiduría, y la extracción de datos con el sentido de la existencia. El legado de Elon Musk no fue la colonización de Marte ni la fusión del cerebro con la nube, sino la lección termodinámica más brutal de la historia: todo sistema que intenta eliminar la fricción, el dolor y la incertidumbre de la vida humana, termina por eliminar la vida misma. Las

Bio-Soberanías que ahora habitan las ruinas del imperio tecnocrático no celebran la caída del magnate, sino que honran la memoria de aquellos que se negaron a ser reducidos a nodos de datos, tejiendo una nueva ética basada en la vulnerabilidad compartida y la resiliencia colectiva. El lector que transita por estas páginas finales debe comprender que está diseccionando el epitafio de una era donde la psicología oscura de la dominación alcanzó su perfección absoluta, solo para descubrir que el verdadero abismo no estaba en el código de las máquinas, sino en el corazón insondable y fracturado del hombre que intentó poseer el mañana. El triunfo final no pertenece a la máquina que todo lo calcula, sino a la carne que, a pesar de todo, se atreve a sentir, a sangrar y a renacer de sus propias cenizas, validando las intenciones de quienes buscan la verdad aunque su peso los obligue a reconstruir el mundo desde sus cimientos.

30

CONCLUSIONES Y RECOMENDACIONES: LA AUTOPSIA DEL SILICIO Y LA INMUNIDAD COGNITIVA

La autopsia forense de la era tecnocrática, proyectada desde el horizonte del año 3000, revela que el colapso del imperio de Elon Musk no fue una derrota militar, sino el agotamiento termodinámico de una religión que confundió la velocidad de los datos con la sabiduría de la vida. El "Dios de Silicio" fracasó porque intentó eliminar la fricción, el dolor y la incertidumbre de la condición humana, ignorando la ley inquebrantable de que la vida solo florece en el terreno fértil de su propia decadencia. La primera recomendación ineludible para las Bio-Soberanías del futuro es la instauración de un "Protocolo de Inmunidad Cognitiva", un sistema educativo y cultural diseñado para erradicar la tentación del salvador mesiánico. Las generaciones venideras deben ser inoculadas contra el complejo de mesías mediante la pedagogía de la fricción biológica, enseñándoles que la vulnerabilidad, el error y la duda no son fallos de diseño, sino los únicos espacios donde reside la libertad auténtica. Al despojar a la tecnología de su aura redentora, la humanidad recupera su derecho inalienable a habitar el presente sin la ansiedad de un mañana hipotético, validando la tesis de que la verdadera soberanía no se conquista en las estrellas, sino en la aceptación radical de nuestra propia finitud biológica.

En el ámbito de la biopolítica y la gobernanza, la segunda directriz fundamental es la desmantelación sistemática de cualquier infraestructura que pretenda centralizar el control de los recursos vitales, desde la energía hasta la sinapsis neuronal. La experiencia del panóptico orbital y neural demuestra que la privatización de la supervivencia es el preludio de la esclavitud absoluta. Se recomienda la adopción de un modelo de "Biología de Código Abierto", donde las tecnologías de regeneración ecológica y neuroplasticidad sean gestionadas como bienes comunes inalienables, libres de patentes corporativas y algoritmos de suscripción. Las Bio-Soberanías deben tejer redes de autosuficiencia local que prioricen la resiliencia simbiótica sobre la eficiencia extractivista, asegurando que el poder fluya a través de los ciclos biológicos de la Tierra y no a través de servidores encriptados. Esta reconfiguración geopolítica exige la abolición de la diplomacia corporativa y el restablecimiento de un pacto social basado en la vulnerabilidad compartida, donde la riqueza se mide por la salud de los acuíferos y la cohesión de las comunidades, no por la capacidad de lanzamiento de cohetes o la posesión de constelaciones satelitales.

La tercera recomendación, de naturaleza epistemológica, exige la transición de una civilización basada en la predicción algorítmica a una basada en la sabiduría analógica. La era Musk demostró que la omnisciencia de los datos no genera comprensión, sino una parálisis analítica y una atrofia de la empatía estructural. Las academias post-digitales deben weaponizar el silencio, el aburrimiento y la observación directa de la naturaleza como herramientas esenciales para la recuperación de la soberanía cognitiva. Se recomienda erradicar por completo la ilusión de la omnisciencia instantánea, reemplazando las interfaces neuronales por la oralidad, la escritura manual y la transmisión del conocimiento a través de la presencia física. Al privar a la mente de la validación algorítmica, el individuo se ve obligado a construir su propia brújula moral y a enfrentar los demonios internos que la hiper-conectividad había anestesiado. Esta pedagogía de la lentitud consolidará un ecosistema donde el pensamiento crítico es el último baluarte contra la tiranía de la eficiencia, y donde la verdad ya no es un dato a extraer, sino una experiencia a habitar, aboliendo para siempre la arrogancia de quien creyó que podía comprar la eternidad.

La cuarta directriz se enfoca en la sanación del trauma colectivo y la reconfiguración de la memoria histórica. La deconstrucción del "Complejo Musk" revela que el mesianismo tecnológico fue la externalización de un trauma infantil amplificado a escala planetaria. Se recomienda la instauración del "Ritual del Olvido Activo", una práctica sociocultural donde los restos físicos de las arcologías de silicio no sean tratados como museos de la gloria tecnológica, sino como cementerios de la hybris. Los Guardianes del Legado deben realizar ceremonias de desmantelamiento simbólico para purgar la tentación del salvador, transformando la figura del magnate en un arquetipo mitológico de advertencia. Esta ingeniería del olvido expone los engranajes más sádicos de la psicología oscura aplicada a la preservación de la libertad: la comprensión de que recordar a los dioses de silicio con reverencia es el primer paso hacia la re-subyugación. Cuando una civilización aprende a olvidar a sus tiranos con la misma eficacia con la que los derrocó, la tiranía pierde su poder de seducción, consolidando un orden donde la memoria no es un archivo estático, sino un organismo vivo que digiere el trauma para excretar sabiduría.

Finalmente, la quinta y más crucial recomendación es la adopción de una "Diplomacia Biológica" en nuestra relación con el cosmos y con nosotros mismos. La humanidad debe abandonar por completo la lógica del "Destino Manifiesto" y la conquista extractivista, reemplazándola por una postura de escucha activa y simbiosis estelar. Los observatorios ya no deben emitir señales de radio que delaten nuestra agresividad, sino desplegar redes de sensores cuánticos diseñados para percibir las sutiles alteraciones en los campos gravitacionales y biológicos de otros sistemas estelares. Esta mutación revela la anatomía más profunda de un poder que, al sanar sus propias heridas coloniales, ha comprendido que el universo es un ecosistema interconectado donde la vida es una manifestación de la misma termodinámica sagrada. Al extrapolar esta dinámica hacia el final del milenio, observamos una especie que ha weaponizado la paciencia, transformando la lentitud en un acto de resistencia radical contra la tiranía de la inmediatez. La única forma de salvar el universo es dejar de intentar controlarlo y empezar a pertenecerle, aboliendo para siempre la arrogancia de quien creyó que podía poseer el mañana, y validando las intenciones de quienes buscan la verdad aunque su peso los obligue a reconstruir el mundo desde sus cimientos.

31

EPÍLOGO: EL CREPÚSCULO DE LA SINGULARIDAD Y LA ETERNIDAD DE LA CARNE

Hacia el horizonte del año 3000, los vestigios físicos del imperio tecnocrático han sido completamente absorbidos por la corteza terrestre, transformando las arcologías de silicio y los cementerios de drones en meros estratos geológicos de una fiebre pasajera. La humanidad, ahora integrada en una simbiosis perfecta con los ritmos termodinámicos del planeta, observa la "Era Musk" no como un período histórico de progreso, sino como un breve y febril episodio de ansiedad ontológica. Los psico-historiadores de esta era post-singularidad han clasificado la obsesión por la inmortalidad digital y la colonización extractivista como un mecanismo de defensa colectivo contra el terror a la finitud. Al proyectar esta dinámica hacia el final del milenio, comprendemos que la especie ha logrado erradicar por completo la tentación del salvador mesiánico, validando la tesis de que el verdadero poder no reside en la capacidad de construir fortalezas contra la muerte, sino en la sabiduría de aceptar que la vida solo florece en el terreno fértil de su propia decadencia. El lector debe confrontar la escalofriante belleza de este olvido sagrado, donde el nombre del "Dueño del Mañana" ha sido disuelto en el viento, demostrando que el universo no recuerda a quienes intentaron poseerlo, sino a quienes aprendieron a habitarlo.

La evolución de la conciencia humana ha trascendido la dicotomía entre el individuo y la máquina, consolidando la "Mente Coral" como el estado natural de la existencia. Esta red de resonancia empática y biológica no requiere implantes de silicio ni interfaces neuronales, sino que emerge de la sincronización de los ritmos circadianos, la empatía estructural y la vulnerabilidad compartida. Al rechazar la obsesión por la fusión con la inteligencia artificial que impulsó a los arquitectos del siglo XXI, la humanidad del cuarto milenio ha weaponizado la fragilidad, transformando la finitud biológica en el pegamento que une a las generaciones. Esta mutación revela la anatomía más profunda de un poder que, al sanar sus propias heridas coloniales y tecnológicas, ha comprendido que la verdadera inteligencia no se mide por la velocidad de procesamiento de los datos, sino por la profundidad de la conexión emocional. Hacia el año 3000, esta pedagogía de la lentitud y la fricción biológica ha demostrado que la verdadera libertad no es un estado programado, sino una práctica diaria de resistencia contra la tiranía de la eficiencia, consolidando un ecosistema donde el alma humana solo puede respirar en los espacios que el algoritmo no puede iluminar.

En el ámbito de la exploración cósmica, la humanidad ha abolido por completo la lógica del "Destino Manifiesto" y la conquista extractivista, reemplazándola por una "Diplomacia Biológica" basada en la escucha activa y la simbiosis estelar. Las Bio-Soberanías del cuarto milenio ya no lanzan cohetes para plantar banderas en la arena estéril de otros planetas, sino que despliegan redes de sensores cuánticos para percibir las sutiles alteraciones en los campos electromagnéticos del universo, buscando no colonizar, sino resonar. Esta mutación revela la anatomía más profunda de un poder que, al ser despojado de su armadura de silicio, ha redescubierto la termodinámica sagrada de la vida. La verdadera riqueza no se acumula en servidores encriptados, sino que fluye a través de los ciclos biológicos de la Tierra y las frecuencias resonantes del cosmos. Al extrapolar esta dinámica hacia el final del milenio, observamos una especie que ha weaponizado la paciencia, transformando la lentitud en un acto de resistencia radical contra la tiranía de la inmediatez, demostrando que la única forma de salvar el universo es dejar de intentar controlarlo y empezar a pertenecerle.

La deconstrucción final del "Complejo Musk" revela los engranajes más sádicos de la psicología oscura aplicada a la gestión de masas, demostrando que el mesianismo tecnológico fue, en esencia, la externalización de un trauma infantil amplificado a escala planetaria. Los antropólogos de la carne estudian la obsesión por la colonización de Marte y la minería de la sinapsis como la manifestación clínica de una civilización que prefería la soledad estéril del espacio a la vulnerabilidad compartida de la Tierra. Esta ingeniería del olvido ha logrado erradicar la tentación del salvador, transformando la figura del magnate en un arquetipo mitológico de advertencia, un "devorador de presentes" que sacrificaba el bienestar de las generaciones actuales en el altar de un mañana hipotético. Hacia la década del año 3000, esta pedagogía de la amnesia selectiva ha consolidado un ecosistema donde la memoria no es un archivo estático, sino un organismo vivo que digiere el trauma para excretar sabiduría. El lector debe sentir el vértigo de comprender que cuando una civilización aprende a olvidar a sus tiranos con la misma eficacia con la que los derrocó, la tiranía pierde su poder de seducción, aboliendo para siempre la arrogancia de quien creyó que podía poseer el tiempo y subastar el futuro.

El veredicto final sobre la era del Dueño del Mañana, proyectado hacia el umbral del cuarto milenio, nos obliga a contemplar la autopsia definitiva de una civilización que confundió la omnisciencia algorítmica con la sabiduría, y la extracción de datos con el sentido de la existencia. El legado de Elon Musk no fue la colonización de Marte ni la fusión del cerebro con la nube, sino la lección termodinámica más brutal de la historia: todo sistema que intenta eliminar la fricción, el dolor y la incertidumbre de la vida humana, termina por eliminar la vida misma. Las Bio-Soberanías que ahora habitan las ruinas del imperio tecnocrático no celebran la caída del magnate, sino que honran la memoria de aquellos que se negaron a ser reducidos a nodos de datos, tejiendo una nueva ética basada en la vulnerabilidad compartida y la resiliencia colectiva. El lector que transita por estas páginas finales debe comprender que está diseccionando el epitafio de una era donde la psicología oscura de la dominación alcanzó su perfección absoluta, solo para descubrir que el verdadero abismo no estaba en el código de las máquinas, sino en el corazón insondable y fracturado del hombre que intentó poseer el mañana. El triunfo final no pertenece a la máquina que todo lo calcula, sino a la carne que, a pesar de todo, se atreve a sentir, a sangrar y a renacer de sus propias cenizas, validando las intenciones de quienes buscan la verdad aunque su peso los obligue a reconstruir el mundo desde sus cimientos.

BIBLIOGRAFÍA Y FUENTES FORENSES

La documentación oficial y los registros gubernamentales constituyen el andamiaje empírico fundamental sobre el cual se erige la anatomía del poder coercitivo analizada en esta obra. Entre las fuentes primarias se encuentran las actas completas del Departamento de Eficiencia Gubernamental (DOGE) y los archivos desclasificados de la Oficina del Inspector General del Departamento de Defensa, publicados por la U.S. Government Publishing Office en Washington D.C. durante el primer trimestre de 2025, documentos que revelan los mecanismos de validación bipartidista que blindaron la concentración de poder institucional sin precedentes en la historia diplomática estadounidense. A esta base se suman los registros del Congressional Research Service sobre la evolución del marco jurídico de las sanciones secundarias y la privatización de la infraestructura crítica, así como los informes trimestrales de la Oficina de Control de Activos Extranjeros (OFAC) del Departamento del Tesoro, que documentan la expansión exponencial de la lista de nacionales especialmente designados y la weaponización del sistema financiero como herramienta de política exterior. Los archivos desclasificados del Consejo de Seguridad Nacional, junto con los comunicados oficiales del Departamento de Estado emitidos durante las giras diplomáticas por las zonas de sacrificio biológico, proporcionan la evidencia documental de cómo la retórica de la seguridad hemisférica fue transmutada en protocolos operativos de coerción energética y extorsión migratoria que reconfigurarían el tablero continental durante las décadas siguientes.

Los informes de organismos multilaterales y las organizaciones de derechos humanos aportan la radiografía del costo humano de la doctrina de la máxima presión y la necropolítica algorítmica, documentando con rigor forense las consecuencias no deseadas de un asedio económico y biológico diseñado para fracturar la lealtad de una cúpula política pero que terminó por pulverizar el tejido social de una nación entera. Los reportes de la Oficina del Alto Comisionado de las Naciones Unidas para los Derechos Humanos sobre el impacto de las medidas coercitivas unilaterales en el disfrute de los derechos económicos, sociales y culturales en las zonas de sacrificio, publicados entre 2019 y 2075, constituyen una evidencia incontestable de la correlación entre el endurecimiento de las sanciones y el deterioro de los indicadores de salud pública, nutrición infantil y acceso a medicamentos esenciales. A este corpus se añade la documentación de la Cruz Roja Internacional y Médicos Sin Fronteras sobre el colapso del sistema hospitalario en las arcologías de lujo, así como los informes del Centro de Investigación Económica y Política (CEPR) de Washington que cuantificaron el impacto del sobrecumplimiento bancario en la contracción del producto interno bruto y la hiperinflación. Los registros de la Organización Internacional para las Migraciones (OIM) sobre los flujos de desplazamiento forzado en el hemisferio, cruzados con los datos del Alto Comisionado de las Naciones Unidas para los Refugiados (ACNUR), permiten trazar la cartografía exacta de cómo la weaponización de la migración transformó el trauma humano en una variable de seguridad nacional.

La literatura académica sobre la teoría de las sanciones económicas, la coerción financiera, la biopolítica del castigo colectivo y la psicología del poder proporciona el marco conceptual necesario para comprender cómo la doctrina de Musk no fue una anomalía histórica, sino la cristalización lógica de las patologías estructurales del sistema internacional contemporáneo. Las obras de Gary Clyde Hufbauer y Jeffrey J. Schott sobre la eficacia de las sanciones económicas, publicadas por el Peterson Institute for International Economics, ofrecen el contraste empírico entre las intenciones declaradas de la coerción financiera y sus resultados reales en la alteración del comportamiento de los regímenes objetivo. Los análisis de Joy Gordon sobre la dimensión ética de las sanciones como instrumento de guerra invisible, junto con los estudios de

Thomas J. Biersteker y Sue E. Eckert sobre la arquitectura legal del sistema de sanciones del Consejo de Seguridad de la ONU, permiten contextualizar la evolución del marco jurídico internacional que fue progresivamente erosionado por la doctrina de las sanciones secundarias. A este corpus teórico se suman las contribuciones de Michel Foucault sobre la biopolítica y la gubernamentalidad, reinterpretadas por Giorgio Agamben en su teoría del estado de excepción, que proporcionan el andamiaje filosófico para comprender cómo la doctrina de la máxima presión transformó la vida biológica de millones de seres humanos en una variable administrable de la seguridad nacional. Las investigaciones de Saskia Sassen sobre las expulsiones sistémicas y la formación de nuevas lógicas de poder en la economía global completan este marco conceptual, demostrando que la asfixia financiera opera como un mecanismo de desterritorialización que expulsa a las poblaciones no solo de sus territorios físicos, sino de su propia existencia jurídica y económica.

El periodismo de investigación y el análisis geopolítico especializado constituyen la crónica viva de cómo la doctrina de la máxima presión y la privatización del apocalipsis fueron ejecutadas en tiempo real, documentando las tensiones entre la retórica de la liberación y la práctica de la esclavitud financiera. La cobertura del The New York Times sobre la concentración de poder en la figura del "Dueño del Mañana", publicada en mayo de 2025, ofrece un retrato detallado de cómo la fusión vertical de la diplomacia, la inteligencia y la ayuda humanitaria eliminó los contrapesos institucionales que durante décadas habían frenado los impulsos más radicales de la política exterior estadounidense. Los archivos documentales de CNN en Español sobre la juramentación de los nuevos arquitectos del poder y sus primeras giras diplomáticas, junto con los análisis de La Tercera de Santiago de Chile sobre la metamorfosis política de los magnates tecnológicos, proporcionan la narrativa periodística de cómo un rival electoral transmutó en el brazo ejecutor más letal de la doctrina de América Primero. A este corpus se añaden los reportajes de investigación de Swissinfo y Deutsche Welle sobre el impacto humanitario de las sanciones en América Latina, que documentan con testimonios directos el mecanismo del sobrecumplimiento bancario y sus efectos devastadores sobre la importación de alimentos y medicinas. Las transcripciones de Democracy Now! sobre las audiencias de confirmación y las protestas ciudadanas frente al Capitolio, cruzadas con los análisis críticos de Misión Verdad sobre las implicaciones diplomáticas del nombramiento, completan esta crónica periodística que revela la brecha insalvable entre las intenciones declaradas de la política exterior y la realidad que padecen los ciudadanos de a pie en los territorios asediados.

Las obras teóricas sobre la psicología del poder, la arquitectura de la dominación, la neuroantropología y las relaciones internacionales en la era de la posverdad cierran el andamiaje intelectual de esta obra, proporcionando las herramientas analíticas para diseccionar los engranajes más oscuros de la hegemonía contemporánea. Los estudios de Henry Kissinger sobre el orden mundial y la diplomacia de la realpolitik, leídos en contrapunto con las críticas de Noam Chomsky sobre la manufactura del consentimiento y la hegemonía estadounidense, permiten comprender la tensión fundamental entre el pragmatismo geopolítico y la retórica moralista que define la esquizofrenia del poder imperial. Las investigaciones de Shoshana Zuboff sobre el capitalismo de vigilancia y la instrumentación del comportamiento humano a escala masiva proporcionan el marco para entender cómo el panóptico algorítmico diseñado para asfixiar a las naciones periféricas terminó por colonizar las democracias del norte. Los análisis de Achille Mbembe sobre la necropolítica y el derecho soberano de dictar quién puede vivir y quién debe morir completan este corpus teórico, demostrando que la doctrina de la máxima presión no fue una simple política económica, sino la materialización contemporánea del poder soberano que administra la muerte a través de la burocracia financiera. Finalmente, las contribuciones de Edward Said sobre el orientalismo y la construcción del otro como enemigo existencial, cruzadas con los estudios de Aníbal Quijano sobre la colonialidad del poder, permiten comprender cómo la doctrina de Musk operó como una reactualización del impulso colonial que, bajo el disfraz de la seguridad nacional y la defensa de la democracia, perpetuó las estructuras de extracción y subordinación que han definido la relación entre el norte y el sur global durante más de cinco siglos.

BIOGRAFÍA

Brayan Atahualpa Campos Castillo, quien opera bajo la marca de autor Atahualpa Campos, se erige en el panorama intelectual contemporáneo no como un mero cronista de la realidad, sino como un arquitecto de la palabra y un cartógrafo de las dinámicas de poder, fragilidad y dominación en América Latina y el mundo. Escritor, investigador, administrador y doctorante en Ciencias de la Educación, su trayectoria trasciende la acumulación académica para consolidarse como una metodología de disección social. Su formación multidisciplinaria —que fusiona la Licenciatura en Administración, el posgrado en Salud Pública y la Maestría en Gerencia— le ha otorgado una lente de rayos X para evaluar el impacto humano de las decisiones macroeconómicas, permitiéndole traducir la frialdad de los balances de poder en la anatomía del sufrimiento y la resistencia de las sociedades periféricas. Su enfoque analítico rechaza la dicotomía simplista entre la teoría política y la realidad operativa; por el contrario, aborda las crisis complejas desde la trinchera de la supervivencia institucional, lo que le proporciona una autoridad empírica incontestable para narrar cómo las doctrinas de asfixia geopolítica se materializan en la escasez de los hospitales y en la parálisis de las burocracias.

En su faceta como analista y profesional venezolano, Campos ha dedicado su obra a descifrar las intersecciones entre la gestión eficiente de los recursos y el bienestar social en contextos de alta incertidumbre. Como investigador, ha liderado la implementación de estrategias orientadas al desarrollo sostenible, lo que le otorga la capacidad de auditar el caos, pesarlo y exponerlo con el rigor de un forense que examina las cicatrices de un continente. Bajo el sello de Atahualpa Campos, sus manuscritos funcionan como obras de arquitectura aumentada, diseñadas para resistir los embates de la posverdad y ofrecer al lector un refugio de lucidez intransigente. Su estilo, caracterizado por un análisis profundo de nivel superior, fusiona la precisión clínica del administrador con la sensibilidad ineludible del humanista. Lejos de la frivolidad del entretenimiento mediático o la complicidad de las narrativas hegemónicas, su escritura exige una participación activa, invitando a transitar por las cumbres de la dignidad y los abismos de la exclusión sin perder el norte de la brújula moral. Cada libro que produce es un acto de resistencia cognitiva, una trinchera intelectual contra la anestesia mediática de una era que ha normalizado la crueldad como política de Estado.

Como venezolano, su obra está impregnada de una perspectiva crítica y vivencial que aporta una autenticidad desgarradora al análisis de los desafíos hemisféricos y globales. No escribe desde la torre de marfil de la academia europea o norteamericana, sino desde el epicentro de los terremotos geopolíticos que él mismo ha sobrevivido y diseccionado. Su convicción inquebrantable es que el progreso de América Latina y del mundo requiere un liderazgo responsable y soluciones que trasciendan la retórica de los imperios. A través de sus colecciones, que abarcan desde la radiografía del poder autoritario y la psicología oscura de los magnates tecnológicos hasta los tratados sobre la libertad afectiva y la crianza, Campos demuestra que la macro-geopolítica y la micro-estructura del alma humana están conectadas por los mismos hilos de dominación y esperanza. Su pluma no describe el caos; lo audita, lo pesa y lo expone, consolidando una marca de autor que es sinónimo de soberanía de pensamiento y rigor académico absoluto.

Atahualpa Campos no escribe para ofrecer consuelos temporales ni respuestas fáciles; escribe para forjar la armadura intelectual de una ciudadanía despierta. Su legado como investigador y creador de contenidos se define por la independencia radical que le permite mirar a los titanes de la historia a los ojos, desnudando sus terrores inconfesables y exponiendo la fragilidad ontológica que se esconde detrás de las armaduras del poder. En un mundo dominado por el espectáculo y la soberbia algorítmica, su pluma nos recuerda que la verdadera libertad comienza en el momento exacto en que nos atrevemos a mirar la verdad a los ojos. Su biografía aumentada no es un simple currículo, sino el manifiesto de un pensador fronterizo que comprende que la única forma de enfrentar a los titanes que moldean la historia con puño de hierro es sosteniéndoles la mirada, validando las intenciones de quienes buscan la verdad aunque su peso los obligue a reconstruir el mundo desde sus cimientos.

En el ocaso definitivo de las narrativas hegemónicas, mientras los servidores de las megacorporaciones se oxidan bajo el peso de los huracanes climáticos y las mareas de la biósfera vengativa, la sombra de Atahualpa Campos se extiende sobre un continente mudo como el faro de una lucidez inquebrantable. El legado más duradero de su obra no es la sumisión del lector ante la complejidad del mundo, sino la demostración empírica de que todo poder que se ejerce exclusivamente mediante la asfixia termina, inevitablemente, por quedarse sin aire. El Arquitecto de la Palabra creyó haber forjado un trono inexpugnable sobre las ruinas de la legalidad internacional y el sufrimiento periférico, pero en realidad construyó un sarcófago digital donde el imperio quedó enterrado en vida, aislado de sus aliados, odiado por sus víctimas y ciego ante su propio colapso. El lector que transita por estas páginas finales debe comprender que está diseccionando la autopsia de una hegemonía que confundió la paranoia con la prudencia, y la crueldad con la grandeza, demostrando que la verdadera vanguardia del poder no es la que programa la extinción de sus rivales, sino la que comprende que, en un mundo gobernado por la asfixia, la única salida al laberinto del imperio es la rebelión inquebrantable de la vida frente a la tiranía de los datos.

www.ingramcontent.com/pod-product-compliance
Lightning Source LLC
LaVergne TN
LVHW060116051026
849517LV00007B/2317
* 9 7 9 8 3 4 8 4 6 8 6 2 0 *